Gerhard Dietrich · Schreibmöbel

Gerhard Dietrich

Schreibmöbel

Vom Mittelalter zur Moderne

Keyser

CIP-Kurztitelaufnahme der Deutschen Bibliothek
Dietrich, Gerhard:
Schreibmöbel: vom Mittelalter zur Moderne/
Gerhard Dietrich. – München: Keyser, 1986.
ISBN 3-87405-171-4

Umschlaggestaltung: Evi und Hansjörg Langenfass, Ismaning
Herstellung und Gestaltung: Friderun Thiel, Ismaning

Reproduktionen: FBS Fotolithos, Martinsried
Satz, Druck und Bindung: Aumüller Druck KG Regensburg
Printed in Germany

Inhalt

Einleitung

Schreiben ist wesentlich ein intellektueller Vorgang. Es setzt eine hohe geistige Entwicklung voraus, Abstraktionsvermögen und Fähigkeit zur (Selbst-)Reflexion. Weil während des weitaus größten Teils der europäischen Geschichte nicht allen Menschen zugänglich, war das Vermögen, lesen und schreiben zu können, gleichbedeutend mit exklusivem Wissen, Einflußreichtum und Zugang zur Macht über andere. Lesen- und Schreibenkönnen öffnete den Weg in eine gehobene soziale Stellung, und in der überwiegenden Zahl der Fälle war das Schreiben gleichzeitig Ausübung von Macht: Kleine und große Machthaber legten politische und religiöse Verbindlichkeiten fest, entschieden vom Schreibtisch aus über Wohl und Wehe, über Leben und Tod, und einflußreiche Kaufherren beherrschten vom Schreibmöbel aus auch politisch bedeutsame Wirtschaftsimperien. Wegen dieser noch heute gültigen Machtverhältnisse ist es verständlich, daß auch das Schreibmöbel – ähnlich wie die Herrschaftssymbole Thron und Chefsessel – zu einem Abzeichen der Macht werden mußte, das durch Form und künstlerische Gestaltung der Bedeutung des Schreibenden und der Tragweite des Geschriebenen Ausdruck zu verleihen hatte.

Ganz selbstverständlich nehmen bedeutende Menschen auch an außergewöhnlichen Arbeitstischen Platz: Der derzeitige Präsident der Vereinigten Staaten von Amerika etwa schreibt an einem *library table* im Chippendale-Stil, der französische Premierminister benutzt ein *bureau plat* aus der Glanzzeit des Absolutismus dieses Landes, und der bayerische Ministerpräsident repräsentiert mit einem prächtigen Empire-Schreibtisch.

Doch hat es neben den Staatsmöbeln immer auch funktionale Schreibgelegenheiten gegeben, die die Bedürfnisse der Bequemlichkeit zu befriedigen und die Effektivität der Schreibarbeit zu gewährleisten hatten. Mönche in ihren Skriptorien, Ratsschreiber, Prokuristen in Handelskontoren und (Verwaltungs-)Sekretäre in öffentlichen Amtsstuben und Büros waren ebenso auf Zweckdienlichkeit angewiesen wie die Mächtigen auf wirksame Pracht.

Schreibmöbel sind in mehrfacher Hinsicht begünstigte und deswegen begehrte Sammlerobjekte. Einerseits sind sie in der Mehrzahl als Einzelstücke konzipiert, sind ästhetisch so selbständig, daß sie auch in modernen Interieurs bestehen können, andererseits dienen sie fortwährend ihrer – auf den einzelnen Menschen ausgerichteten – Funktion: dem Schreibenden zu Diensten zu sein und das Geschriebene zu bewahren. Darüber hinaus ist fast jedes gestaltete Schreibmöbel ein Dokument gelebter Sozial- und Kulturgeschichte. Es wendet sich mit seiner Botschaft an den schreibenden, lesenden, denkenden Zeitgenossen und trifft deshalb zweifellos auf besondere Gegenliebe in einer Zeit des medienpolitischen Umbruchs und des verwirrenden Überangebots von Information.

Ein Ziel dieses Buches ist daher, Verständnis zu wecken für die Bedeutung des historischen Scheibmöbels in seiner Entstehungszeit, Information zu geben über die Genese seiner Form und künstlerischen Gestaltung. Kein Ziel konnte – angesichts des schier unübersehbar umfangreichen Materials in Museen und im Kunsthandel – eine auch nur annähernd umfassende Kunstgeschichte des europäischen Schreibmöbels sein: Lediglich Leitmotive dieser Kunst sollen in ihrem historischen und künstlerischen Bezugsfeld vorgestellt werden. Verzichtet werden mußte auf Bemerkungen zu Möbelkonstruktion, Holzkunde oder Marktanalysen; dagegen führt ein Glossar durch die oft metaphernreiche Bezeichnungsvielfalt, die sich in Literatur und Kunsthandel eingebürgert hat.

Romanik und Gotik

Die umfassende gesellschaftliche Realität des Mittelalters war die Kirche. Ihr geistlicher und geistiger Führungsanspruch umspannte weitgehend auch die weltlichen Mächte. Er äußerte sich in einem gewaltigen, auf der frühchristlichen und antiken Literatur fußenden intellektuellen Überbau, dessen Errichtung, Festigung und Verbreitung wesentlich auf der Schrift-Gelehrsamkeit beruhte. Während weltliche Machthaber bisweilen Analphabeten sein konnten, verbot sich dies für die Lehrer und Interpreten der Heiligen Schrift(en): Lesender Nachvollzug, schreibende Ausdeutung, Neuschöpfung und Verbreitung gehörte zu den höchstrangigen Aufgaben im Dienste der Religion. Deshalb sind es die Zentren der Religionsausübung, besonders die Klöster, wo am meisten sowohl schöpferisch als auch mehr oder weniger »berufsmäßig« geschrieben wird. Antiphonare, Evangeliare, Psalter, Brevier, Perikopenbücher, Bibeln und Heiligenviten, vielfach für die gültige Ausübung des Gottesdienstes unentbehrlich, waren die – noch heute zahlreich erhaltenen – gefragten geistigen und materiellen Hervorbringungen der klösterlichen Äbte, Priester, Schreiber und Maler. Sie lassen auf die große Arbeitsleistung von Geistesarbeitern und Künstlern schließen, die spätestens seit der Zeit der Hofschule Karls des Großen einen Großteil ihres Lebens vor Pergamentseiten und in Schreibstuben (scriptoria) verbringen konnten. Und wenn sich auch keine Beispiele erhalten haben, so wissen wir doch, daß sie diese Arbeit an Möbeln verrichtet haben, die speziell für diesen Zweck gedacht waren, und wir wissen auch, daß durch deren konstruktiven und dekorativen Aufwand die Rangunterschiede der Schreiber deutlich erkennbar wurden.
In Autoren- und Dedikationsbildern haben uns die mittelalterlichen Künstler die gebräuchlichen Möbel und Dekorformen überliefert. Ein Metzer Meister des 10. Jahrhunderts zeigt uns den heiligen Gregor an einem aufwendig gearbeiteten Pultmöbel, dessen Gestaltung möglicherweise auf spätantiken Vorbildern beruht (Abb. 1). Im Gegensatz zu dem eher phantastisch gegebenen Akanthus-Schemel ist das

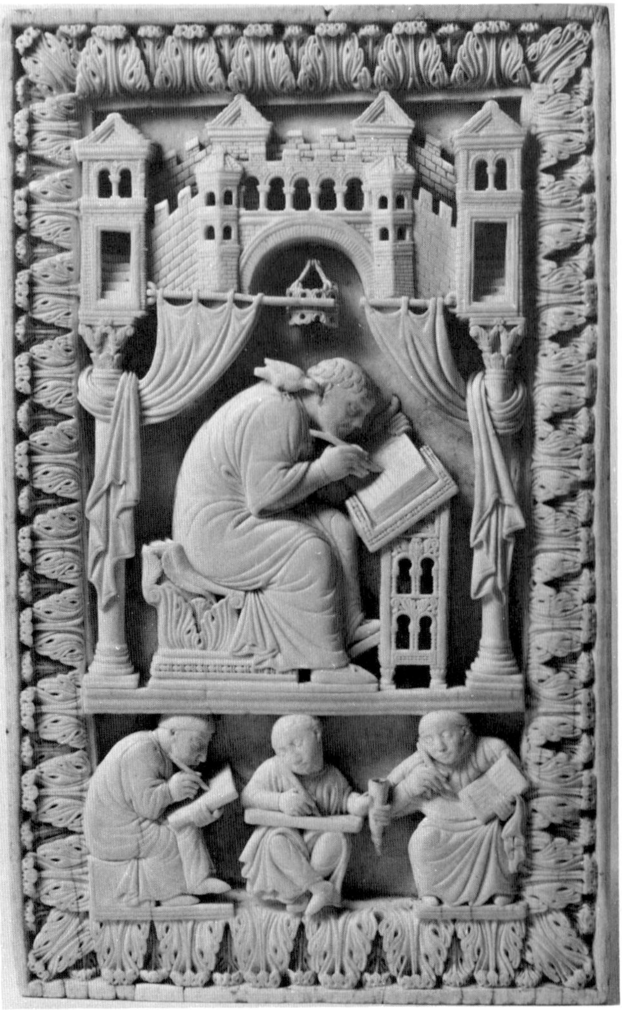

1 Der heilige Gregor am Schreibpult. Elfenbeintafel, Metzer Meister um 960–980 Wien, Kunsthistorisches Museum
Papst Gregor der Große arbeitet an einem reichverzierten ottonischen Schreibpult. Einer seiner drei Schüler kopiert sein Werk an einem geschichtlich belegbaren Schreibbrett, wobei er für sich und seinen Nachbarn das Tintenhorn hält.

▷

2 Der Paulusschüler Titus mit einem Schreibbrett. Rheinischer Kodex, Mitte des 9. Jahrhunderts Düsseldorf, Landes- und Stadtbibliothek
Offenbar auf Vorsprüngen seines Kastenstuhles ruht das Schreibbrett, auf dem Titus alle seine Utensilien – Tintenfaß, Sandbüchse, Federmesser – abgelegt hat. Vor ihm ein hohes notenpultartiges Möbel, auf dem die abzuschreibende Vorlage liegt, an dem aber auch geschrieben werden konnte.

Schreibpult eine präzis dargestellte Konstruktion aus gedrechselten Pfosten, geschnitzten und gedrechselten Zargen und Füllungen sowie einer schrägen, aufwendig gerahmten Schreibplatte. Es ist schlecht vorstellbar, daß eine möbeltechnisch derart plausible Wiedergabe nicht auf der Anschauung eines tatsächlich gebauten Vorbildes beruhte. Die beiden erkennbaren Ziertechniken, Drechseln und Schnitzen, herrschen noch an den ältesten uns erhaltenen Möbeln vor. Wie nahe an der Realität frühmittelalterlicher Schreibmöbel sich der Elfenbeinschnitzer mit Gregors Prachtmöbel, das die hohe Bedeutung der Schriften

3 Aristoteles bei der Arbeit an einem gotischen Kniepult. Archivoltenfigur des Königsportals, 12. Jahrhundert
Chartres, Kathedrale
Der Zwischenraum der Brettkonstruktion dieses Schulmöbels bietet Platz für Bücher, Schreibutensilien und das »écritoire«, das Tintenhorn.

des Heiligen unterstreicht, befunden haben mag, zeigt sich im unteren Teil des Reliefs. Hier sind offenbar Schüler des Kirchenlehrers mit der Vervielfältigung seiner Lehren beschäftigt. Der Mittlere schreibt auf einem Kniebrett, das durch eine Reihe anderer Darstellungen belegt ist. Schon in einer rheinischen Handschrift des 9. Jahrhunderts sehen wir Titus – Schüler des Apostels Paulus – auf einem solchen Brett schreiben (Abb. 2). In skulptierter Form überliefert sind uns ähnliche Schreibbretter in Vezelay und am Königsportal von Chartres (Abb. 3). Kein Geringerer als Viollet-le-Duc, Frankreichs berühmter Denkmalpfleger des vergangenen Jahrhunderts, hat diese Kleinmöbel in seinem *Dictionnaire raisonné du Mobilier français* (1868) unter dem Namen *scriptionale* rekonstruiert und als typisches Schulmöbel interpretiert. Es hat ein Loch für das Tintenhorn *(écritoire)* und läßt sich wie eine Schultasche tragen, während in seinem Innenfach Schreibgeräte und Pergamentrollen Platz finden. Das Bildprogramm in Chartres legt nahe, den hier abgebildeten Schreiber als den griechischen Philosophen

4 Autorenbild des Evangelisten Matthäus vor seinem Pultschrank. Byzantinisches Tetraevangelion, 11. Jahrhundert
Berlin, Staatsbibliothek Preußischer Kulturbesitz
Es ist unverständlich, warum Matthäus auf seinen Knien schreibt, denn vor ihm steht ein für diese frühe Zeit ungewöhnlicher Stollenpultschrank mit schräger Schreibfläche und Türen in Rahmen- und Füllungskonstruktion. Eine Halterung für abzuschreibende Bücher ist integriert.

Aristoteles zu sehen; als solcher aber ist er der übergeordneten Figur der Dialektik als Schreiber ebenso verpflichtet wie die elfenbeinernen Schreiber dem heiligen Gregor. Sollte uns der Metzer Meister hier ein wirkliches, dort ein phantastisches Schreibmöbel überliefert haben? Aber auch andere Schreibmöbel sind uns aus Bildern bekannt. Zwar schreibt Matthäus im Autorenbild eines griechischen Evangeliars des 11. Jahrhunderts auf seinen Knien; aber vor ihm steht ein in mehrfacher Hinsicht bemerkenswertes Pultmöbel mit schräger Schreibfläche, auf dem seine Schreibutensilien und ein Buch liegen (Abb. 4). Dieser Typ einer frühen, innen unterteilten Schreibkommode ist aus Pfosten und Zargen konstruiert. Seitenwände und Türen sind Rahmen mit dünneren Brettfüllungen, eine Bauweise, wie sie in Europa angesichts der romanischen Massivbauweise eigentlich erst seit dem 14. Jahrhundert gebräuchlich zu sein schien. Doch gibt es auch Beispiele dieser Möbelbauweise aus dem 12. Jahrhundert (Minden, Dom) und in einer Miniatur des Evangeliars der Sainte-Chapelle in Paris (Trier, 11. Jahrhundert; Paris, Bibliothèque Nationale). Hier benutzt der Evangelist Markus ein nicht minder erstaunliches Schreibpult, das neben auf Gehrung gesägten Rahmen sogar gehobelte Kehl- und Stabprofile zu zeigen scheint. Wir dürfen als sicher annehmen, daß die Möbelkunst des frühen Mittelalters höher entwickelt war, als uns die überlieferten ältesten Möbel (Kisten, Truhen, Ratsbänke) nahelegen.

Das Schreibmöbel mit der weitaus größten Verbreitung scheint bis in die Gotik hinein ein dem Notenständer verwandtes Pult gewesen zu sein. Nach unzähligen Zeugnissen der Buchmalerei – eines der frühesten wohl das Evangelistenbild des karolingischen Evangeliars im Aachener Domschatz (um 800) – bestand es aus gedrechseltem Mittelpfosten, schräger Schreibplatte und mehr oder weniger aufwendig gestaltetem Fuß (Abb. 5). Das Möbel, das bisweilen auch zum Lesen und zum Aufstellen einer abzuschreibenden Vorlage diente (vergleiche Abb. 2), konnte bequem zwischen die Knie gezogen werden. Viollet-le-Duc führt es als Variante des *scriptionale* an. Er hat nicht nur Teile solcher Möbel noch 1835 in französischen Klöstern gesehen, sondern auch im Zusammenhang mit ihren offensichtlich abnehmbaren Schreibplatten auf den Umstand hingewiesen, daß die welligen Pergamenthäute vor dem Beschreiben wie Trommelfelle auf ihnen gespannt worden sein müssen. Das Skriptionale war so allgemein verbreitet, daß noch Michael Pacher im späten 15. Jahrhundert seine Kirchenväter

5 Dedikationsbild aus dem Perikopenbuch Heinrichs III. Echternach, 1039–1043
Bremen, Staatsbibliothek
Mönche an notenpultartigen Schreibmöbeln beim Abfassen einer Bittschrift, die Kaiser Heinrich zusammen mit dem Perikopenbuch überreicht wurde.

6 Simon de Hesdin überreicht Karl V. von Frankreich ein von ihm übersetztes Werk. Dedikationsbild, um 1480 (Ausschnitt)
Sammlung Oskar Reinhart, Winterthur
Über der runden Schreibtischplatte zwei offensichtlich drehbare Halterungen für konsultierte Bücher, an deren unterer das Tintenhorn befestigt ist.

(Kirchenväteraltar, München, Alte Pinakothek) an diesen einfüßigen Möbeln schreiben läßt.
Dem Skriptionale nahe verwandt ist ein Möbel, das als *Lectrin* (*lutrin*, Lesepult) in die Literatur eingegangen ist und aus der Kombination von Kastenmöbel und Halterung des benutzten Buches besteht. Daß solche Möbelzwitter bis ins späte 15. Jahrhundert immer aufwendiger werden und auch tatsächlich zum Schreiben gedient haben, zeigt eine Dedikationsszene von Simon Marmion (Abb. 6). Hier sitzt ein Schreiber an einem Tisch, über dessen Kastensockel auf einer Mittelachse eine runde Tischplatte und zwei übereinanderliegende drehbare Bücherpulte angeordnet sind. Das Buch, um das es in der Szene geht, ist eine Übersetzung eines antiken Werkes: Da sind Vorlagen, Wortverzeichnisse, Auslegungen und Übersetzungsparallelen unabdingbar und müssen ständig vor Augen stehen. Ein wahrhaft funktionales Möbel für intellektuelle Arbeit!
Mit Ausnahme des einfüßigen Skriptionale tragen alle betrachteten Möbel dem Umstand Rechnung, daß das Schreiben nur als Teil einer umfassenderen geistigen Arbeit gelten darf. Nicht nur kann in den seltensten Fällen eine scharfe Grenzlinie zwischen Schreib- und Lesemöbel gezogen werden, weil Schreiben und (kontrollierendes) Lesen von Geschriebenem nur verschiedene Ausprägungen derselben geistigen Leistung darstellen. Zunehmend wird das Schreibmöbel – durch Kästen und Ablageflächen – auch für die Aufnahme geistigen (und technischen) Rüstzeugs eingerichtet: Schreibutensilien, Bücher und fertige Manuskripte. Schon die Evangelisten des Aachener Evangeliars haben Kisten bei sich, in denen sie Schriftrollen verwahren. Das auf den Knien benutzte Schreibbrett hat zumeist ein Innenfach für Bücher und Schreibzeug. Seit dem gotischen Kasten-Schreibtisch werden integrierte oder beigeordnete Ablage- und Aufbewahrungsmöglichkeiten für Briefschaften, Dokumente, Bücher und Schreibbedarf geradezu ein kennzeichnendes Merkmal für Schreibmöbel.
Die genannten Eigenschaften treffen auch für ein großes Möbelstück zu, das – flüchtig besehen – einem barocken *bureau-bookcase* ähnelt und an dem die Maria eines spätgotischen mittelrheinischen Hausaltares vom Verkündigungsengel angetroffen wird (Abb. 7). Auf der schrägen Schreibfläche des separat und vollrund aus Ton gearbeiteten Möbelmodells liegt ein geöffnetes Buch. Die Seitenwände des vorn mit einer Tür verschlossenen Möbelkörpers – ein sicheres Zeichen für die Aufbewahrung wertvoller Bücher – sind mit komplizierten Maßwerkfenstern verblendet. Der Aufsatz, geschmückt mit flankierenden Fia-

7 Maria einer Verkündigungsszene vor einem Schrankpult mit Regalaufsatz Mittelrheinischer Hausaltar, Detail, Mitte des 15. Jahrhunderts. Ton Köln, Diözesanmuseum

8 Gotisches Schreibpult mit verschließbarer Schreibklappe und maßwerkdekorierten Außenseiten. Eichenholz. England, 1. Viertel des 15. Jahrhunderts London, Victoria & Albert Museum

len, Spitzbogenfriesen und nach oben abschließender Galerie ist wie ein Regal gestaltet. Obwohl hier als Betpult gemeint, ist recht eindeutig auch ein Schreibschrank wiedergegeben. Ein im Prinzip ähnliches Möbel dient auf einem frühen Gemälde Stefan Lochners dem Kirchenvater Hieronymus zum Lesen und Schreiben, wobei die Schreibutensilien wie Feder, Federmesser und Schere an der Aufsatzinnenwand befestigt sind.

Ein Möbel vom Typ des betrachteten rheinischen Pultschrankes ist uns, wenn auch ohne Aufsatz konzipiert, in einem (leider verstümmelten) englischen Beispiel erhalten (Abb. 8). Die durch ein Schloß gegen unbefugtes Öffnen gesicherte Schreibplatte verdeckt – und hier liegt der wesentliche Unterschied zum liturgischen Lesepult – eine mit Türen versehene Inneneinrichtung. Mit großer Sicherheit war der heute fehlende Unterteil durch eine Schranktür von außen zugänglich. Alle drei vom Benutzer abgewandten Schauseiten sind mit vorgeblendeten Maßwerkfenstern geschmückt; die Träger der dachartig schrägen Pultklappe enden in phantastischen Drachenmasken. Ganz ähnliche Möbel sind, im deutschen Sprachraum, als Dienstschreibtische von Ratsschreibern im Bild überliefert, und noch 1524 wird Luther an einem solchen Pult schreibend dargestellt. Auch der Pultkasten des Victoria & Albert Museums in London wird ähnliche Aufgaben erfüllt haben: Er ist einer der Ahnen des englischen *bureau.*

9, 10 Schreibtisch des Rudolf Wülfinger, Abt von Kloster Wettingen (Kanton Aargau). Kirschholz. Basel, um 1440
Zürich, Schweizerisches Landesmuseum
Der mit überreichem spätgotischen Schnitzwerk geschmückte Wangentisch verbirgt unter der Deckplatte des Tischkastens die Schreibfläche und einen Kranz von Schubladen. Das Besondere an diesem Tisch ist, außer dem von oben zugänglichen Tresorfach im Tischtrog, seine asymmetrische Gestaltung, die das Möbel eindeutig auf den Schreibenden ausrichtet.

An gotischen (Schreib-)Möbeln wird zum erstenmal auch die – geschichtlich häufig wiederkehrende – Orientierung des Möbelschreiners am Formvokabular des gleichzeitigen Baustils erkennbar. Besonders deutlich zeigt dies ein Wangentisch, den das Schweizerische Landesmuseum in Zürich seit 1925 verwahrt (Abb. 9, 10). Das unglaublich reich dekorierte Möbel verdankt seine Entstehung jener Blüte, zu der die Stadt Basel sich öffnete, als sie von 1431–1448 während des Kirchenkonzils für fast zwei Jahrzehnte zum Brennpunkt europäischer Politik und Kultur wurde. Wichtiger als die geschichtliche Verbindung mit Rudolf Wülfinger, durch zweifelhafte Strategie Abt des Klosters Wettingen (Aargau) mit Hauptwohnsitz in der Klosterfaktorei zu Basel, ist die raumplastische, oft fast (an den Zargen) à jour gearbeitete Reliefzier aus den Bereichen Architektur, Pflanzenwelt und menschlicher Figur und die Form des Möbels überhaupt. Es ist, anders als die meisten bekannten Beispiele, ein auf den Schreibenden orientierter Spezialtisch mit einer definierten Vorder- und Rückseite: einer der ersten Schreibtische im modernen Sinne, die sich von der einen Seite benutzen, von der anderen lediglich ästhetisch genießen lassen. Hochgo-

tisches, reich formuliertes Blendmaßwerk an Wangen und Tischtrog, raumplastisches, phantastisch gerankte ornamentales Laubwerk und (historisch einwandfrei datierbare) Vollfiguren zwischen den Innenschubladen machen das relativ kleine Schreibmöbel zu einem Prunktisch, der in seiner Zeit kein reines Gebrauchsmöbel gewesen sein kann. Er transportiert eine andere Aussage: Als Vorläufer von Kabinettschränken der Renaissance oder von barocken Prachtschreibschränken dient er der Repräsentation mehr als der Funktion, ist er als Kunstwerk eher ein Schatzkammerstück als das Dienstmöbel eines Klosterhofes. Kein anderer erhaltener gotischer Tisch hat je wieder eine solch dekorative Pracht entfaltet.
Das 15. Jahrhundert war, was das Schreiben betrifft, eine Zeit gewaltiger Umbrüche. Während der Wettinger Schreibtisch entstand, experimentierte Johannes Gutenberg mit gegossenen Lettern und gewaltigen Druckpressen. Als das Basler Konzil zu Ende ging, legte der unermüdliche Mainzer Erfinder die ersten gedruckten Bibeln vor. Der Siegeszug des Buchdrucks – allein für das 15. Jahrhundert sind rund 600 verschiedene Drucker und Verleger anhand ihrer Zeichen nachweisbar – machte die kopierenden Mönche der Skriptorien weitgehend arbeitslos. Die mechanische Vervielfältigung von Schrift verhalf dem europäischen Geistesleben zu gewaltigem Auftrieb und sicherte insbesondere dem Humanismus weiteste Verbreitung. Sie verwies das Schreiben mit der Hand, für das zweckdienliche Möbel gebraucht wurden, dorthin, wo es sich bis heute erhalten hat: in den öffentlichen Bereich der Verwaltungsorganisation, von Politik, Handel und Gewerbe und in den privaten Bereich von Wissenschaft und Kommunikation. Die erlöschende mönchische Schreibkultur lebte in Ämtern und Behörden, Verwaltungen und Gerichten, Handel und Geldverkehr wieder auf und hat sich bis heute zu dem ausgewachsen, was gemeinhin Papierkrieg genannt zu werden pflegt. Denn schon in der Spätgotik kündigte sich eine neue Zeit nicht nur im Geistesleben an, sondern auch in der Organisation des menschlichen Zusammenlebens und in der Wirtschaft. Mit zunehmendem Binnen- und Außenhandel wurden geordnete Abwicklungen von Waren-, Kredit- und Geldgeschäften unvermeidlich. Im Warenlager auf wachsbeschichtete Holztäfelchen notierte Ein- und Ausgänge wurden im Kontor in Geschäftsbücher übertragen. Für das Aufsetzen von Nachrichten an eigene Niederlassungen und Geschäftspartner, von Verträgen, Anweisungen und Schuldscheinen, für das Zählen und Aufbewahren von Geld und Handelsunterlagen aller Art wurden besondere Zähl- und Zahltische er-

dacht (Abb. 11–13), deren Nachkommen bis heute als Kontore, Theken und Tresen, als Büros und Tresore ihren Dienst versehen. Der Zähltisch im Basler Historischen Museum – hölzerner Vorläufer von Rechenmaschinen und Registrierkassen – war als Kontormöbel so unersetzlich wie das Spezialwissen des Wechslers, der das unablässig sich ändernde Gefälle zwischen den vielen nebeneinander gültigen Währungen des politisch zersplitterten Europas in komplizierten Berechnungen evaluierte. Mehrere heute gültige Bezeichnungen für Verwaltungsarbeiten, deren Zweckmöbel und Räume haben in diesen frühen Arbeits-Schreibtischen ihre Wurzel: Das Kontor leitet sich über das französische *comptoir* vom italienischen Ausdruck für Zählen (contare, addieren) her, das *bureau* (Büro, sowohl Möbel als auch Raum) vom *bure,* dem groben Tuch, das gewöhnlich über dem kaufmännischen Schreibtisch lag. Die massiven, wohl aus der Truhe entwickelten Kastentische (Abb. 12, 13), in deren fest verschließbaren Fächern und

11 Flachschnittverzierter gotischer Zahl- und Wechseltisch des 15. Jahrh. Basel, Historisches Museum
Die in drei gleiche bezeichnete Feldersysteme aufgeteilte ausladende Zählplatte dieses schweizerischen Wangentisches diente zum Zählen, Teilen oder Aufrechnen von Hartgeld, das durch eine erhöhte Randleiste vor dem Herunterfallen gesichert war: heute benutzt der Kaufmann oder der Kassenwart eine Registrierkasse.

12 Niederrheinischer Zahltisch aus Kloster Kamp bei Moers. Eichenholz mit Eisenbeschlägen
Köln, Kunstgewerbemuseum
Der Kasten-Zahltisch, entstanden aus Truhe und Tisch, war trotz seines reichen Schmucks aus durchbrochenen Schnitzranken und kompliziertem Faltwerk höchstwahrscheinlich ein funktionales Möbel im Kontor des reichen Klosters, über dessen Platte Ware und Geld die Besitzer wechselten und Buchungsvermerke gemacht wurden und in dessen zum Teil raffiniert verschlossenem Innern Geschäftsbücher und eingenommenes Geld verwahrt wurden.

Hohlräumen die erwirtschafteten Überschüsse und schriftlichen Handelsvereinbarungen gesichert waren, dürfen wir uns in Kaufmannsstuben, Amtsstuben von Reedern, Unternehmern und Geldverleihern (den späteren Bankherren) und in den Handelsniederlassungen wirtschaftskräftiger Klöster vorstellen.

Wie im Bereich der Wirtschaft nehmen auch in den Rathäusern der noch wenigen großen mittelalterlichen Städte – um 1500 leben dort nur etwa sechs Prozent der Europäer – die notwendigen schriftlichen Verwaltungs- und Ordnungsaufgaben zu. Hier werden – ebenfalls zumeist an verschließbaren Kastenpulten, später in extra dafür eingerichteten Schreibstuben und Kanzleien – Rechtsgeschäfte abgewickelt, schriftlich fixiert und archiviert. Ratsschreiber werden im weltlichen Bereich nach den Mönchen die ersten Berufsschreiber des Abendlandes. Die von ihnen ausgefertigten Urkunden, die sorgsam geführten Stadtbücher bilden die Grundlage für die Kontinuität kommunalen Zusammenlebens und für das finanzielle Budget der Städte, weil hier neben anderen Daten auch die Steuerpflicht niedergelegt ist. Eine wichtige amtliche Schreibarbeit leistet daher auch der Steuereinnehmer. Er arbeitet – wie es etwa der Maler Cornelis Engelbrechtsz im übertragenen Bild des Steuereinnehmers und späteren Evangelisten Matthäus gezeigt hat – an dem auch im kaufmännischen Bereich bewährten, mit dem *bure* überdeckten Zahl- und Kastentisch (Abb. 14).

Die meisten an ihren Möbeln dargestellten mittelalterlichen Schreiber waren anonym, typisiert, auch wenn sie im Gewand antiker oder christlicher Autoren auftraten. Schreiben war apersonaler Dienst am heiligen Wort oder für die Gemeinschaft. Es war kein Platz für individuelle menschliche (Selbst-)Darstellung. Das änderte sich im Verlauf des 15. Jahrhunderts. Immer größere europäische Machtblöcke wurden, bisweilen gewaltsam, zusammengeschlossen. Das Aufstellen großer Heere, das Führen ehrgeiziger Kriege, das Bedürfnis nach imposanter fürstlicher und religiöser Repräsentation in Architektur und

◁

13 Spätgotischer englischer Zahltisch – counter table. Eichenholz. Frühes 16. Jahrhundert
London, Victoria & Albert Museum
Auch der Counter table ist eine Kombination aus Tisch und Truhe: Das mit dem seltenen liegenden gotischen Faltwerk geschmückte Möbel diente zweifellos als Geschäftstresen zur Abwicklung und Aufzeichnung von Transaktionen in einem Land, dessen abenteuerlustige seefahrende Kaufleute bald die ersten Fernhandelskompanien gründen sollten.

14 Berufung des Matthäus zum Apostelamt. Cornelis Engelbrechtsz, Leiden, um 1520 (Ausschnitt)
Berlin, Staatliche Museen Preußischer Kulturbesitz; Gemäldegalerie
Ein Zahltisch der Übergangszeit zwischen Gotik und Renaissance im Gebrauch: Der Zoll- und Steuereinnehmer und spätere Apostel Matthäus verzeichnet empfangene Geldbeträge auf dem mit dem »bure«, dem schweren Tuch, überdeckten Kastentisch. Dieses Tuch hat dem englischen und französischen bureau sowie dem deutschen Büro seinen Namen gegeben.

Kunstgewerbe erforderte organisierte Machtverwaltung und war Ursache eines unstillbaren Finanzbedarfs. Er machte die Mächtigen zunehmend abhängig vom aufsteigenden bürgerlichen Geldadel (Fugger, Medici, Welser). Der höfische und reichsstädtische Prunk strahlte auf weite Kreise aus. Der private Wohlstand der Oberschicht vermehrte sich aufgrund differenzierten Handels und skrupelloser Zinspolitik. Die Flucht oströmischer Gelehrter aus Byzanz, das 1453 in türkische Hände fiel, fachte den vom antiken Gedankengut getragenen Humanismus an. Schroffe Widerstände erhoben sich gegen den starren Traditionalismus, die hohle Prachtentfaltung, den moralischen Verfall und den unverhohlenen Geldhunger (Ablaß) der römischen Kirche. Galilei entdeckte, daß sich nicht alles um die Erde dreht, und Kolumbus wies nach, daß sie viel größer und reicher ist, als man geglaubt hatte. Das Weltbild, dem man sich anonym einzuordnen hatte, zerfiel. Der Mensch erkannte sich – auch schreibend – selbst.

Renaissance

In den italienischen Erblanden des antiken Römischen Weltreiches wird seit dem 13. Jahrhundert – vor dem Hintergrund der eindrucksvollen Überreste imperialer römischer Architektur und Kunst und der zunehmenden Kenntnis heidnisch-antiker Literatur – der Konflikt zwischen sinnen- und empiriefeindlicher, mittelalterlich-religiöser Geisteshaltung und dem Wunsch nach geistiger (nicht allerdings geistlicher) Autonomie unüberbrückbar. Die materiellen Grundlagen eines weltlichen, individuellen Selbstbewußtseins gegenüber der starren kirchlichen Autorität und Moralgesetzgebung liegen in wachsendem Reichtum durch erfolgreichen Handel, rationellen Produktionstechniken und effektiver (frühkapitalistischer) Finanzwirtschaft. In den aufblühenden oberitalienischen Stadtrepubliken übernehmen mächtige Fürsten die Führung, deren Repräsentations-, Genuß- und Bildungsbedürfnis in Architektur, Lebenshaltung und Kunst die Rückgriffe auf entsprechende weltliche Vorbilder der Antike fördert. Über die literarischen und künstlerischen Zeugnisse der Vergangenheit hinaus wendet sich das geweckte Interesse allen erreichbaren Erscheinungen der Welt zu, deren wundersamste in kostbaren Möbeln (Kabinett-, Münz-, Sammlungsschränken) aufbewahrt oder in besonderen Kunst- und Wunderkammern gesammelt wurden. Als kostbarstes Phänomen wird der Mensch selbst erkannt, sein Körper und, als Kern aller neuen wissenschaftlichen Erkenntnisse und künstlerischen Errungenschaften, sein fortwährend aktives und produktives Gehirn. Dieses naturgegebene Organ verhilft den Renaissancemenschen nicht nur zu einer neuen Sicht göttlichen Waltens, sondern auch zur kritischen Erkenntnis der ursächlichen Zusammenhänge weltlicher Phänomene. Das Studium der *Artes liberales*, der antiken Freien Künste, das den Menschen erst zum vollwertigen Wesen machen sollte, weist besonders der Sprache eine wichtige Aufgabe zu. Konsequente Entwicklung und Fixierung einer präzisen, allen verständlichen (Schrift-)Sprache betrachtete man als Vehikel zu gedanklicher Klarheit, als Voraussetzung zu geistigem Austausch, intellektueller Befruchtung und Kreativität. War die

Schriftlichkeit des Mittelalters vorwiegend religiös geprägt, so wird sie jetzt zunehmend in großem Umfang weltlicher Kultur und Wissenschaft dienstbar gemacht. Die Fülle von Traktaten und Abhandlungen aller Art legt Zeugnis davon ab, daß Humanismus und Renaissance Zeitalter des Studiums, faszinierender Gelehrsamkeit und hoher Schriftkultur waren.

Einer der bekanntesten und in unzähligen Varianten erhaltenen Typen des Schreiberbildes im 15. und 16. Jahrhundert zeigt immer wieder den heiligen Hieronymus, Kirchenvater und Schöpfer der lateinischen Bibelübersetzung, der Vulgata. Er gilt als der Gelehrte schlechthin, in gedankliche Arbeit vertieft an seinem Schreibmöbel sitzend. Kardinal Albrecht von Brandenburg schlüpfte in die Rolle dieses Patrons der Lehrer, Übersetzer, Schreiber, Theologen und Universitäten und ließ sich so von Lukas Cranach malen (1525; Darmstadt, Hessisches Landesmuseum). Das typische Schreibmöbel dieser nüchternen, hochgeistigen Epoche scheint nach Ausweis einer Fülle solcher und ähnlicher Darstellungen das Tischpult gewesen zu sein, eine einfache schräge Schreib- und Leseplatte auf dreieckigen, seitlichen Wangen. Es ist eine reine Zweckkonstruktion, die auch heute noch als Lese-, Schreib- und Zeichenhilfe im Prinzip ähnliche Verwendung findet: Schreibpapier und Buch werden, ergonomisch sinnvoll und anatomisch vorteilhaft, im Greif- und Blickradius des Sitzenden fixiert. Ablagemöglichkeiten für Manuskripte und Bücher sind an diesem Arbeitsgerät nicht vorgesehen: Die geistig Schaffenden dieses ersten großen Jahrhunderts des gedruckten Buches brauchten für ihre zu konsultierenden Werke bereits große Tische und Regale. Das einfache Möbelstück ist überall zu finden und auch in internationalem Gebrauch; schon Giotto und van Eyck kannten es, Petrarca hat daran gearbeitet, und zu Beginn des 16. Jahrhunderts bilden es beispielsweise Perugino und Bourdichon ab. Berühmt ist Dürers Bild des schreibenden Erasmus von Rotterdam (1526; Abb. 15). Auch der erste namentlich bekannte Buchhalter – Matthäus Schwarz, seit 1516 in den Diensten Jakob Fuggers – hat an einem solchen Pult gearbeitet. Eine Miniatur zeigt den Erfinder der gemischten Buchhaltung mit Schuld-, Haupt- und Geheimbuch im Gespräch mit seinem Dienstherren; im Hintergrund des Kontors sind Aufbewahrungsmöbel sichtbar, deren Fächer mit den Namen der in- und ausländischen Fuggerschen Faktoreien bezeichnet sind (Abb. 16). Erhalten haben sich die leichten, transportablen Arbeitsgeräte jedoch nur selten; bekannt sind vorwiegend als Lesepulte genutzte Exemplare aus dem kirchlichen Bereich.

15 Erasmus von Rotterdam bei der Arbeit am Tischpult. Kupferstich von Albrecht Dürer, 1526 (Ausschnitt)
Köln, Walraff-Richartz-Museum, Graphische Sammlung
Nach den bildlichen Überlieferungen war dies das weitverbreitetste Schreibmöbel der Zeit des Humanismus und der Reformation: eine schlichte, schräge Schreibfläche auf verzierten Wangen. Ein bescheiden der Schreibarbeit dienendes Gerät.

16 Matthäus Schwarz, Buchhalter Jacob Fuggers. Miniatur von Narziß Renner aus dem Schwarz'schen Trachtenbuch, Nürnberg, 1520
Braunschweig, Herzog Anton Ulrich-Museum
Der Erfinder der Buchhaltung mit Schuld-, Haupt- und Geheimbuch demonstriert die Vorzüge des leichten Tischpultes: Nach Belieben verschiebbar, läßt es die Möglichkeit zur Ablage von Büchern und zum Aufstützen der Arme. Selbst in der »Goldenen Schreibstube« des weltumspannenden Handelsimperiums der Fugger war nicht Repräsentation, sondern Effektivität gefragt.

Das am gewünschten Ort auf beliebigen Tischen benutzbare Möbel hat sich im 16. Jahrhundert, als aus politischen und privaten Gründen oft genug der Wohnsitz gewechselt wurde, durchgesetzt. Aus praktischen Erwägungen und repräsentativem Anspruch heraus wurde es schließlich zu einem kleinen, bisweilen verschließbaren, prächtigen Kastenmöbel umgestaltet, dessen Aussehen und Verwendung uns beispielsweise Franciabigio im *Bildnis eines jungen Mannes am Schreibpult* (1522; Berlin Dahlem, Gemäldegalerie) überzeugend geschildert hat. Die erhaltenen Beispiele stammen sämtlich aus adligem oder höfischem Bereich. Während Matthäus Schwarz sein einfaches Brettpult benutzte, schrieb man am Hofe des Tudorkönigs Heinrich VIII. an reich bemalten Kassetten mit schrägem Schreibdeckel, dem *table desk* (Abb. 17). Das mit einer Vielzahl von Schubladen, Fächern und Klappen versehene Kleinmöbel trägt die Wappen des prunkliebenden Renaissancefürsten und der Katharina von Aragon, der ersten seiner sechs Frauen, und ist innen nach Holzschnittvorlagen des deutschen Malers Hans Burgkmair bemalt. Hier wird gleichzeitig einer der Wege erkennbar, auf dem die italienische Renaissance ihren Siegeszug bis nach England antrat.

Augsburg, die Heimatstadt Burgkmairs und eine der größten Städte im damaligen Deutschland, erlebte im 16. Jahrhundert neben Nürnberg

17 Nach Vorbildern von Hans Burgkmair bemaltes kleines Tischpult – table desk – aus dem Besitz des Tudorkönigs Heinrich VIII. und seiner Frau Katharina von Aragon. Um 1525 London, Victoria & Albert Museum
Die aufwendigere Version des schlichten Schreibpultes ist die Kassette, unter deren Schreibfläche Schubläden, offene und verschließbare Fächer Briefschaften und Schreibgerät sicher verwahren.

18 Schreibpult der Kurfürstin Anna von Sachsen. Über Nadelholz furniert in Ebenholz, ungarischer Blumenesche, Zedern- und Königsholz sowie Elfenbein; dazu Messingbeschläge. Nürnberg, 1568 Dresden, Staatliche Kunstsammlungen, Museum für Kunsthandwerk

(wo Peter Flötner wirkte) eine nie gekannte wirtschaftliche und kulturelle Blüte. Die günstige Lage an den Handelswegen, besonders nach Italien, Geschick und Wagemut ihrer Kaufleute und Unternehmer brachten hier mehr als anderswo enormen Reichtum. Der großen Nachfrage nach Luxusgütern nachzukommen beeilte sich eine Elite von Kunsthandwerkern. Ihre geschätzten, modernsten Qualitätswaren, in manchen Bereichen schon in stark arbeitsteiliger Produktion entstanden, werden in die ganze bis dahin bekannte Welt exportiert. Einen solchen Export stellt wohl auch das 1568 datierte, aus Nürnberg stammende Tischpult der Kurfürstin Anna von Sachsen dar (Abb. 18). Außen in schwarzem Ebenholz furniert, transportiert es in seinen gravierten Elfenbeineinlagen ein umfassendes Programm, das sich auf die Wahrhaftigkeit der Evangelisten, die Schwäche der Menschen und die Tugenden des weltlichen Herrschers bezieht. Auf den Seiten wird mit zwei Taten des Herkules dem Besitzer ein Rezept an die Hand gegeben, mit dem Bösen fertig zu werden. Das prächtige Möbel birgt unter dem beweglichen Pultdeckel sieben Schubladen. Hinzuweisen ist auch auf die reiche Auswahl der verwendeten Furnierhölzer: Neben dem schwarzen, polierten Ebenholz, vor dem sich besonders die hellen Einlagen wirkungsvoll abheben, das schön gemaserte (ungarische) Eschenholz, das Holz der Zeder, einheimische Hölzer wie Ahorn, Nußbaum, Birne und Zwetschge – durch Beizen und heißen Sand gefärbt und schattiert.

Eher eine Brief- als eine Schreiblade ist das mit feinen Elfenbeinranken eingelegte ebenholzfurnierte süddeutsche Kästchen, das mit seinem Dekor schon die Grenze zum Frühbarock ahnen läßt. Seine große, in

19 Süddeutsche Schreiblade. Um 1600
Würzburg, Kunsthandel Neuhaus
Der Empfänger dieser süddeutschen Schreib- und Brieflade ist nach den bekrönten Initialen und Wappen in der Familie der Mendoza in Spanien zu suchen. Das Tischpult überrascht durch kostbare Marketerie und eine vielfach unterteilte Schublade.

Fächer unterteilte Schublade ist von der Seite zugänglich (Abb. 19). Der Auftraggeber, dessen gekröntes Wappen die Unterseite des Pultdeckels ziert und dessen Doppelinitiale A allein zwölfmal vorkommt, war als Träger des Ordens vom Goldenen Vlies möglicherweise ein spanischer Grande aus der Familie der Mendoza.
Ein seltenes geschichtliches Dokument ist das signierte und datierte Schreibpult, das der erzherzogliche Zeugwart Caspar Lickinger 1592 im schwäbischen (damals österreichischen) Günzburg verfertigt hat (Abb. 20). Wiewohl das im Grunde heidnische, italienisch-manieristische Ornament vorherrscht mit Grottesken, Rollwerk, Masken und Trophäen, ist das Bildprogramm selbst von eindringlicher gegenreformatorischer Strahlkraft (Lamm mit Buch und Schrift, Erdteile, Evangelisten, Kreuzigung): Empfänger Erzherzog Ferdinand, von Je-

20 Schreibpult mit gegenreformatorischem Bildprogramm. Ebenholz und andere Hölzer, Elfenbein. Caspar Lickinger, Günzburg, 1592
Wien, Kunsthistorisches Museum, Sammlung Schloß Ambras, Innsbruck
Das kostbare Schreibpult wurde für Erzherzog Ferdinand II, den erfolgreichsten Gegenreformator Österreichs, geschaffen.

suiten erzogen, war in den habsburgischen Erblanden einer der erfolgreichsten Gegenreformatoren seiner Zeit.
Das 16. Jahrhundert vibriert in erstaunlicher Weise zwischen den Extremen von wirtschaftlicher Blüte (süddeutsche Städte, Spanien, überseeische Rohstoffquellen) und blutigen Kriegen (Bauern-, Türken-, niederländischer Krieg), zwischen wissenschaftlichen Höchstleistungen (Kopernikus, Paracelsus) und mittelalterlicher Engstirnigkeit (Hexenprozesse, Bücherindizierung, Inquisition), zwischen kultureller und künstlerischer Weltoffenheit (Michelangelo, Dürer, Palladio, die Humanisten) und politischer und religiöser Beschränktheit (Glaubenskriege). Es ist, gerade geistig und geistlich gesehen, kein ruhiges Zeitalter, und das kleine Schreibpult scheint ein Zeichen dafür zu sein. Für weltliche Schätze und weltlichen Besitz gab es unglaublich reiche

und komplizierte Kabinettschränke (Augsburg) und raumhohe gewaltige Fassadenschränke (Ulm, Nürnberg). Aber erst das spätere 17. Jahrhundert macht aus dem Tischpult ein richtiges komplettes Möbel. Wir werden es, oft noch abnehmbar, auf der neu erfundenen Kommode wieder antreffen *(Schreibkommode),* im Sekretär mit schräger Schreibfläche (*bureau* in England), in dem seinerseits auch das gotische Kastenpult aufgeht.

Das Frankreich des 16. Jahrhunderts hat uns offenbar keine irgendwie spezifischen Schreibtische hinterlassen. Haben Montaigne, Ronsard, Rabelais an einfachen Tischen gearbeitet? Die französische Möbelkunst der Zeit steht auf jeden Fall in hoher Blüte (J. A. Ducerceau; H. Sambin). Aber wenn das von den habsburgischen und den Hugenottenkriegen erschütterte Land uns in diesem Bereich auch ohne Information läßt, so führt es uns dafür, schon seit dem späten 14. Jahrhundert, in den Bereich ein, der einem umstrittenen Möbeltyp des 16. und 17. Jahrhunderts seinen Namen gab: das *studiolo* – auch *scrittoio,* in Frankreich *escriptoire,* in Engalnd *scriptor,* in Spanien *escritorio* oder *vargueño.* Für Charles V., von 1364 bis 1380 König von Frankreich, ist zum erstenmal ein *Raumtyp* belegt, der als weltlicher Gegenpart zum Oratorium (Hauskapelle) die Versenkung in irdische Dinge erlaubt. Das *estude,* der intimste Raum der privaten Räumlichkeiten in den königlichen Residenzen, dient mit Büchern, Kunstwerken und Merkwürdigkeiten der Rekreation und Bildung des mächtigsten Mannes der Nation. Ähnlich der vergleichbaren Einrichtung des *studium* am päpstlichen Hof in Avignon und später in Rom, enthielt es in der Regel Schreibmöbel und Schreibgerät. Vor allem im Bereich der Kurie waren diese Schreibmöbel häufig noch keine eigentlichen Möbel, sondern feste Einbauten, die Schrank, Bank, Regal und Schreibpult konstruktiv zusammenfaßten, vielleicht in der Art, wie es uns das berühmte Bild des schreibenden Hieronymus von Antonello da Messina (1476; National Gallery, London) vor Augen führt: ein Einbau, der einen Studienplatz aus einem größeren Raum abteilt. Die *estudes* Charles V., des Weisen, werden in der Folge besonders für Italien zum Urbild des privaten Studierzimmers, in dem sich alles befindet, was einerseits der geistigen Anregung, andererseits der Befriedigung und der Demonstration des Besitzerstolzes dient. Wir wissen, daß das *estude,* das *studiolo,* das deutsche *Kabinett* der Kern der Kunst- und Wunderkammern (und damit der späteren Museen) ist; der Raumtyp wird, besonders unter den Medicis, Cosimo dem Alten, Piero dem Gichtigen und Lorenzo dem Prächtigen, zur Schatzkammer, in der Besuchern

der ehrfurchtgebietende, ja königliche Reichtum der aufstrebenden Florentiner Mächtigen demonstriert werden sollte.
Seit Angelo Decembrio, Humanist am Hofe des Lionello d'Este in Ferrara, die Begriffe Bildung und Erkenntnis mit dem antiken Ausdruck *scriptura* für synonym erklärt hatte, ist die Bezeichnung *Schreibmöbel* ohne Schwierigkeiten auf einen Möbeltyp übertragbar geworden, der seinen Namen vom *studiolo* übernommen hat, aber nicht immer zum Schreiben geeignet zu sein scheint. Nun bezeichnet *studiolo* oder *scrittoio* im Florenz des 15. und 16. Jahrhunderts einerseits durchaus eine Schreibstube, das Büro und Privatarchiv des Kaufmanns und Unternehmers, des Adligen oder Politikers. Andererseits ist es die märchenhafte Schatzkammer des mediceischen Palastes, ist es das Imponierzimmer eines Federico da Montefeltre, dessen *studiolo* im Schloß zu Urbino (vollendet 1476) rundum aus einem einzigen *trompe-l'œil,* einem das Auge täuschenden Intarsienbild, besteht. Der Möbeltyp, der von diesem Raum seinen Namen erhalten hat – in ihm aber niemals eindeutig nachgewiesen werden konnte – ist das *studiolo* (auch *scrittoio*): In einer der berühmtesten auf uns gekommenen Formen ist es wie der gleichnamige Raum in Urbino mit illusionistischen Marketerien geschmückt (Abb. 21). Da gibt es in den scheinbar offenen Seitenfächern des geöffneten Schreins Bücher, eine Schere, gefaltete Briefe, Dosen und Schachteln, ein Tintenfaß mit eingesteckter Feder. Blüte, Frucht und Sanduhr mahnen, die flüchtige Zeit nicht ungenutzt zu lassen. Die übrigen Flächen, Schubladenfronten und Fries unter dem ausladenden toskanischen Kranzgesims, huldigen der vielfach und frisch variierten Grotteskenthematik. Sie sind, anders als die vollständig aus Furnierhölzern zusammengesetzten Stilleben der Seitentüren, in das volle Holz eingelegt, wie wir es von vielen italienischen Truhen der Frührenaissance kennen. Das Möbel, das wegen Darstellung und Inschriften auf der hier nicht abgebildeten Verschlußklappe mit Karl V. (1500–1558) in Verbindung gebracht wird, dem mächtigsten Herrscher in einem Reich, *in dem die Sonne nicht unterging,* ist kein Gebrauchsmöbel. So wie der Raum, von dem es seinen Namen hat, in den wenigsten Fällen ein wirklicher Arbeitsraum ist, so ist auch dieses Möbel eher ein Kunst-Stück, ein Kabinettmöbel, das der Aufbewahrung von Pretiosen und Wunderdingen dient.
Ein mediceisches Inventar von 1492 verzeichnet in einem *scrittoio* genannten Möbel die Edelstein- und Schmucksammlung Pieros, der dafür bekannt war, in seinem *studiolo* durch Betrachten von Mirabilien, Büchern, Kunstgegenständen und Schmuck Ablenkung von den

21 Kabinettaufsatz eines italienischen studiolo (Detail). Italien (Mantua?), Mitte 16. Jahrhundert
London, Victoria & Albert Museum
Das durch Gebälk und ausladendes Kranzgesims architektonisierte Möbel ist überreich mit intarsierten (aus hellerem Holz in Nußbaum eingelegten) Grotesken und zwei der damals beliebten Trompe-l'œil-Bildern in Furniertechnik geschmückt, die sich in symbolischer Weise mit der verrinnenden Zeit (Uhr), der Weisheit (Bücher) und der Gelehrsamkeit (Schreibsachen) befassen.

Schmerzen seiner Gicht gesucht zu haben. Schon aus Anzahl und Format der Schubladeneinteilung geht hervor, daß hier nicht ausschließlich für Schreibzeug und Papier, Bücher und Dokumente Platz geschaffen werden sollte. Die humanistische Interpretation der *scriptura* legt nahe, der Meinung Feulners zuzustimmen, der für diese Zeit noch keinen wesentlichen Unterschied zwischen Kabinett- und Schreibschrank machte. Er war der Ansicht, daß bei diesem immer sehr reich ausgestatteten Möbel *der Behälter dem Inhalt konform* gebildet worden ist. Diese Entsprechung ist bei den anderen Luxusmöbeln, Kredenz und Kabinettschrank, mit Händen greifbar und darf auch für das *studiolo* gelten. Es ist verständlich – aus unserer Seherfahrung heraus –, den auf waagerechter Achse beweglichen Sammelabschluß für alle Türen und Schubladen der Inneneinrichtung als Schreibplatte zu deuten. Möglicherweise ist sogar auf dem einen oder anderen Exemplar dieses Möbeltyps geschrieben worden; aus diesem Grunde, und wegen der traditionellen, auf das Schreiben bezogenen Terminologie hat das *studiolo* hier Aufnahme gefunden. Bei der Mehrzahl dieser Möbel dürfte jedoch das Schreiben unbequem oder gar unmöglich gewesen sein: Die sogenannte Schreibfläche ist klein und befindet sich oft weit über einen Meter über dem Fußboden (90–120 cm; Abb. 22). Sie ist auf den Stehenden ausgerichtet, der auf ihr Schubladen abstellt und deren Inhalt ausbreitet. Nur so erklären sich auch die oft schwach dimensionierten Scharniere: Das *studiolo* ist ein Kabinettschrank, hervorgegangen aus der Kombination von Kredenz und Kabinettschrein.

Sogar die Kredenz selbst, so lernen wir spätestens im 18. Jahrhundert, kann eine waagerechte Fallklappe haben, auf der zusätzliches Silbergeschirr die staunenden Gäste beeindruckte.

Das *studiolo* mit seiner immer verschließbaren Klappe vor Laden und Türen ist gleichwohl in mehrfacher Hinsicht wirklicher Vorfahr von Schreibschrank und Sekretär. Zum einen ist es definitionsgemäß ein *Bildungsmöbel,* das durch seinen Inhalt Wissen und Erkennen, Geschmack und Stil hervorbringt, schult und festigt. Zum anderen ist es verschließbar, man kann darin wertvolle Dinge vor zudringlicher Neugier und unbefugtem Zugriff sichern, *sekretieren.* Aber hier erschöpfen sich schon die Gemeinsamkeiten. Es darf als sicher gelten, daß etwa Machiavelli sein grundlegendes Traktat zur Fürstenerziehung, den «Principe», nicht an einem solchen Möbel verfaßt hat, obwohl er ein *scrittoio,* ein Schreibzimmer, besaß, in das er sich zum Zwiegespräch mit den antiken Autoren – zur Lektüre – zurückzog. Das *studiolo* ist uns als Möbel in seinem Gebrauch nicht in bildlichen Darstellungen überliefert. Aus den dargestellten Gründen müssen wir aber annehmen, daß arbeitsmäßiges, zweck- und zielgerichtetes Schreiben an anderen Möbeln stattfand. Viele Möglichkeiten bieten sich dafür nicht: der Tisch, und auf diesem, zur Erleichterung, das Tischpult. Die zwitterhafte Stellung des *studiolo,* auch *stipoarmadio* oder *scrigno* genannt, zwischen Kabinettschrank seiner Funktion nach und Schreibschrank nach Form und Nachfolge wird sich im 17. Jahrhundert noch deutlicher ausprägen, und wir werden die aufwendigen frühbarocken Kabinettschränke in den späteren Schreibschränken aufgehen sehen, die häufig – funktional gesehen – eine ebensolche Zwischenstellung einnehmen.

22 Norditalienisches studiolo. Nußbaumholz. Ende des 16. Jahrhunderts
Ferrara, Palazzina Marfisa d'Este
Vom beginnenden Frühbarock künden bereits die Dekorformen dieses kostbaren Kabinett- und Sammlungsmöbels, das mit einer Vielzahl von Schubkästen und Geheimfächern für das Aufbewahren von Preziosen, mit einer schwach verankerten, einen Meter hohen Verschlußklappe aber weniger für das Schreiben geeignet zu sein scheint.

23 Kabinettkasten eines escritorio. Spanien, 1. Drittel des 16. Jahrhunderts Köln, Kunstgewerbemuseum
Das geschnitzte spätgotische Maßwerkornament dieser Schreib- und Reisetruhe, für die sich im 19. Jahrhundert die Bezeichnung vargueño oder bargueño einbürgerte (Frontklappe fehlt), tendiert merklich und vielleicht unter islamisch-maurischem Einfluß zum geometrisch konzipierten Musterrapport.

Die Problematik der Überlieferung antiken Mobiliars erschwert die Beantwortung der Frage nach der Verwandtschaft des italienischen *studiolo* mit dem spanischen *escritorio* (Abb. 23). Das Möbelstück – seit dem 19. Jahrhundert hat sich der nicht deutbare Ausdruck *vargueño* oder *bargueño* eingebürgert – ist eine nach vorne, teilweise zusätzlich nach oben zu öffnende Truhe, hinter deren Fallklappe sich eine mehr oder weniger komplizierte Schubladeneinrichtung verbirgt. Das frühe *vargueño* steht auf einem (leicht demontierbaren) Hilfsgestell (*pie de puente*, vergleiche Abb. 40), das aus zumeist gedrechselten Säulen besteht, die untereinander durch eine hölzerne Bogenstellung verbunden sind und auf Kufen ruhen. Das Kistenmöbel seinerseits wirkt nicht zuletzt wegen seiner seitlichen Tragegriffe wie eine Reisetruhe, die vorübergehend darauf abgestellt ist. Dieser Eindruck verliert sich auch nicht, wenn sie im 17. Jahrhundert auf einen Kommodenunterbau *(taquillón* vergleiche Abb. 41) gesetzt wird. Auch hier darf gelten: Das *vargueño* ist in erster Linie kein Schreibmöbel. Wenn auch, wie im italienischen Bereich, die herabgeklappte Truhenfront eine Schreibunterlage suggeriert und sich aus dem Typ besonders in Holland und England tatsächlich ein richtiger Sekretär entwickelt hat *(scriptor),* so ist auch hier die Fläche zu klein, zu schwach verankert trotz der star-

24 Vargueño. Nußbaum, eingelegt mit verschiedenfarbigen Hölzern und Elfenbein. Spanien, Mitte 16. Jahrundert
London, Victoria & Albert Museum
Der Mudejarstil ist von der Durchmischung europäischen und maurischen Ornamentes gekennzeichnet. Während auf der Außenseite der Verschluß- und Schreibklappe die zu errettenden Tiere Noahs Arche besteigen – treffliches Bild für die Wertsachen in einer transportablen Reisekiste! –, finden wir innen geometrisch-abstraktes Ornament und eine, jeweils aus spiegelbildlicher Verdoppelung entstandene Adaption des europäischen Grotteskenwerks.

ken, häufig muschel- oder maskengekrönten Schiebestützen, die in den Untersatz integriert sein können, und zu hoch. Wer, und auf welchen Reisen oder bei welchen Verlegungen des Amtssitzes hätte an den vielen erhaltenen *vargueños* schreiben sollen?
Der Begriff *escritorio* (oder *escriptorio*) muß sich wie in Italien nicht unbedingt auf das Schreiben allein, sondern kann sich auf Bildungsreichtum im weitesten Sinne beziehen. Vor der Schreibmöglichkeit rangiert zweifellos die Funktion als Schatz- und Kabinetttruhe (ein bekannter Ausdruck lautet tatsächlich auch *bufetillo* = kleine Kredenz!), die aus verständlichen Gründen mit ihren Besitzern zwischen den Wohnsitzen reisen mußte. Hieraus mag sich auch die häufig abweisen-

de, allein von auffälligen, wehrhaft wirkenden Eisenbeschlägen und Schlössern getragene Außendekoration rechtfertigen, während die Innenfronten mit oft überwältigender Pracht gestaltet sind.
Aus der jahrhundertelangen Besetzung Spaniens durch die Mauren, die erst 1492 endgültig durch die Eroberung Granadas beendet wurde, hatte sich nicht nur der Mudejarstil (Abb. 24) gespeist, sondern auch die seltsame Mischform aus maurischen, gotischen und italienischen Renaissanceformen, die zu einem Gutteil von spanischer Begeisterung für Metallbearbeitung getragen wurde und die unter der Bezeichnung Platereskenstil bekannt ist. Es ist nicht abwegig, den Typ der beweglichen, so seltsam unarchitektonisch und gegen die stark von der Baukunst beeinflußte Möbelkunst Europas abstechende Schatztruhe selbst als maurischen Import zu denken. Das Traggestell macht sie prinzipiell zu einer auf dem Boden oder einem flachen Podest stehenden Truhe, die gut zu arabischen Wohngebräuchen paßt, die noch lange durch nomadisierende Beweglichkeit gekennzeichnet waren. Von Schatzkästen stammt schließlich auch die hohe Kultur der Beschläge und der reichen Innendekoration.
Die Kunst des *vargueño* ist geeignet, die europäische Vormachtstellung Spaniens im sogenannten spanischen Jahrhundert (1550–1650) zu illustrieren. Das Land, das keine Reformation mit nachfolgender Glaubensspaltung erlebte, das durch seine überseeischen Besitzungen unermeßlichen Reichtum anhäufte, reifte durch einen König (Karl I.), der gleichzeitig deutscher Kaiser (Karl V.) war, zur Groß- und Weltmacht heran. Kultureller Austausch mit ganz Europa – so etwa der Import der italienischen Möbelform *studiolo* (Beispiel in Toledo), aber auch der Export spanischen Hofzeremoniells und besonders der Mode – ist die zwingende Folge. Wie kaum ein anderes spanisches Möbel demonstriert das *escritorio* den Reichtum des Landes an Edelmetallen und hervorragenden, aus arabisch-maurischer Schule hervorgegangenen Kunsthandwerkern. Gerade diesen versierten Technikern bleibt kein Material in seinem dekorativen Nutzwert unbekannt: Die Reihe der Beispiele reicht über die verschiedensten Holzarten und Edelmetalle bis zum farbigen Samt, zum Eisen, zu Elfenbein, gefärbtem Kitt und Knochen. Es wäre verständlich, wenn dieser Reichtum und die fremdartigen Dekorationsschemata im übrigen Europa tiefen Eindruck hinterlassen hätten: In vielen Museen haben sich vor allem in Süddeutschland gearbeitete Kabinette erhalten, die die äußere Form des *vargueño* mit der dort beliebten, italienisierenden Marketerie in Form von Ruinenveduten verschmelzen.

25 Mobile Buchdruckerpresse. Eiche und Eisen. Westfalen, 2. Hälfte des 16. Jahrhunderts
Hamm, Städtisches Gustav-Lübcke-Museum
Auch der mechanischen Reproduktion von Schrift wurde früh ein eigenes Möbel geschaffen – im weitesten Sinne ebenfalls ein Schreib-Möbel, das – unter Verwendung zeitgenössischer Dekorformen – wie ein Aufsatzmöbel aufgebaut ist.

Daß das sonderbare Möbel, das sich zur Zeit Philipps II. (1556–1598) im europäischen Sinne zunehmend zu tektonisieren beginnt (Einfluß des Juan de Herrera als Architekt des Escorial; Beispiel in Madrid), später auch in den Niederlanden auftritt (vergleiche Abb. 33), ist durch dessen politische Zugehörigkeit zu Spanien verständlich. Als sich die sieben holländischen Generalstaaten im Freiheitskampf gegen Spanien (Utrechter Union 1579) der Unterstützung des elisabethanischen Englands versicherten, dürfte der Möbeltyp auch nach Großbri-

tannien gekommen sein, wo uns aus dem späteren 17. Jahrhundert schöne Beispiele erhalten sind.
Es scheint gewiß, daß seit dem Aufblühen des Humanismus und der Erfindung des Buchdrucks die Hand-Schrift als unmittelbares Zeugnis geistiger Produktivität eine neue Bedeutung erhält. Noch heute gehören Autographen vergangener Jahrhunderte – ähnlich wie Handzeichnungen – zu den faszinierendsten Geschichtszeugnissen. Vor diesem Hintergrund sei ein Möbelstück aus der zweiten Hälfte des 16. Jahrhunderts angeführt, das auch dem Buchdruck (und seiner Herstellung) eine seiner neuen Bedeutung gemäße Form zu geben versucht (Abb. 25). Die Druckpresse des Städtischen Museums in Hamm übernimmt dabei mit Klauenfüßen, Sockel-, Gurt- und Hauptgesims, mit Schubladen und Aufsatz Formelemente gleichzeitiger Schreib- und Kabinettschränke. Das relativ klein proportionierte Möbelstück zur Verfertigung von Schrift – im übertragenen Sinne ein *Schreib*-Möbel – zeigt durch die mächtigen Truhengriffe, daß es im Gegensatz zu früheren, fest in den Raum gebauten Druckpressen beweglich, ein echtes Möbel ist. Sein Inneres birgt von der Druckfarbe bis hin zu den hölzernen Lettern alles zur Arbeit Benötigte. Obwohl seine Verwendung erst im «Gymnasium illustre», der vom Großen Kurfürsten gegründeten Akademie, nachgewiesen ist, zeigen doch die ältesten der mit der Presse erhalten gebliebenen Lettern und Initialen deutlich in die Zeit vor dem dreißig Jahre währenden europäischen Krieg. Wenn die Datierung dieses Stücks berechtigt ist, dann handelt es sich beinahe um ein demokratisches Möbel: der Versuch, den Buchdruck an jedem beliebigen Ort jedem verfügbar zu machen.

Barock

Das 17. Jahrhundert ist von zwei weitgreifenden Kriegen eingegrenzt, die Europa nicht nur verwüsteten, sondern es auch zu einer neuen politischen und sozialen Ordnung führten. Der Dreißigjährige Krieg (1618–1648), aus der Glaubensspaltung hervorgegangen und als politischer Machtkampf beendet, erschütterte das nationale Kräfteverhältnis nachhaltig und führte Frankreich als neue Führungsmacht in Europa ein. Rationalismus und Aufklärung (Descartes, Bacon, Leibniz, Grotius) machen aus diesem und dem folgenden Jahrhundert eine Zeit intensivster Geistesarbeit, die im Bereich der Staatslehre zur theoretischen Rechtfertigung (Hobbes, Pufendorf) und zum praktischen Aufbau des Absolutismus führen. Dessen wichtigstes Element ist die finanzielle Basis, die allenthalben gegen den Widerstand der Stände (Generalstände, Reichsstände, die bislang die jeweils zweckbestimmten Geldforderungen der Landesherren bewilligen mußten) mit der Durchsetzung regelmäßiger Besteuerung (Kopf-, Grund-, Verbrauchssteuer) gesichert wird. Sie dient vor allem dem Instrument (stehendes Heer) und der Repräsentation (Hofhaltung) der Macht des Souveräns. Damit genügend Geld durch Zölle und Steuern abgeschöpft werden kann, wird zuerst in Frankreich (Sully, Colbert) ein zentrales, straff gesteuertes nationales Wirtschaftssystem (Merkantilismus) aufgebaut, in dem durch (Export-)Subventionen, Schutzzölle und die Errichtung von staatlichen Manufakturen Handel und Gewerbe gefördert, Qualität durch hohe Anforderungen selektiert werden (hochwertige Luxusgüter). Der durch die aufblühende Wirtschaft ermöglichte Glanz absolutistischer französischer Hofhaltung, verkörpert im Sonnenkönig Ludwig XIV. und seinem Schloß Versailles (bezogen 1682), überstrahlt die Schattenseiten dieser Regierungsform und die Raubkriege des Monarchen. Er wird zum kulturellen Leitbild besonders der deutschen Reichsfürstengeschlechter in Bayern, Sachsen, Hannover und Brandenburg-Preußen.

Das Wort Bossuets: *Ein König, ein Glaube, ein Gesetz* kann auf die Möbelkunst ausgeweitet werden, sobald Ludwig XIV. 1661 die Macht

aus den Händen seiner spanischen Mutter und Kardinal Mazarins übernimmt. Die Schlösser in Vincennes, Saint-Germain, Versailles und Paris (Louvre) werden für ihn im modernsten Stil neu möbliert, wobei, seinem Selbstbewußtsein entsprechend, kein Aufwand gescheut werden durfte. Es sind die Dekortechniken, die wir aus Süddeutschland, Italien, Spanien und Holland kennen, die kurz nach der Jahrhundertmitte hier vorherrschen: Elfenbein und Mischholzmarketerie in Ebenholz, Zinn- und Schildpattfurniere – die spätere Boulle-Technik – und die Blumenmarketerie. Daß im höfischen Milieu zunächst auf eindrucksvolle Kabinettschränke und Tische Wert gelegt wird, versteht sich von selbst; die Kunst- und Schmucksammlungen waren dem prunkliebenden König zweifellos zur Repräsentation seiner Macht und Weltläufigkeit ebenso unentbehrlich wie den Medicis die Reichtümer ihrer *studioli*. Der erste Schreibtisch, der dank der Arbeiten Lunsingh Scheurleers seit 1669 im königlichen Mobiliar nachweisbar ist, gehört zum Möbeltyp, der heute aufgrund vermutlich falscher Voraussetzungen mit dem Namen des Kardinals und Ministers Mazarin (1643–1661) verbunden ist (im Besitz des Duke of Buccleuch). Das mit graviertem Zinn und Messing eingelegte Möbel auf plastisch ausgearbeiteten, spätmanieristischen Figurenkonsolen, ein Werk des holländischen Ebenisten Pierre Gole in Paris, ist viele Jahre nach Mazarins Tod entstanden. Bei seinem kleinen Format (85 cm breit) zögert man, das in den Inventaren als *bureau* bezeichnete Möbel als echtes Schreibmöbel anzusprechen; ein Großteil auch der späteren Möbel dieses Typs (Abb. 26), vor allem jene von der Hand oder aus der Werkstatt A. C. Boulles, sind so klein, daß eigentlich von einem höfischen Ziermöbel die Rede sein müßte, die Vorläufer jener Kleinmöbel und Damenschreibtische, von denen das 18. Jahrhundert so begeistert war. Und doch ist es der Urahn, das Vorbild aller bis heute erdachten Schreibtische. Der tiefe Kasten auf acht niedrigen Beinen ist durch die Aussparung für die Knie des Sitzenden in drei Teile gegliedert. Die in zwei Gruppen zusammengefaßten, zumeist vierkantigen und zwischen Kapitell und Sockel nach unten verjüngten, regelmäßig wie das Möbel selbst marketierten Stützen sind untereinander durch H- oder X-förmige Elemente verstrebt; am Möbelkörper setzen sie sich als gliedernde Eckbetonungen nach oben fort. Auch die Deckplatte ist im Regelfall mit ornamentalen Furnierbildern überzogen.
Scheinbar unvermittelt steht am Ende des 17. Jahrhunderts diese gültige und zweckmäßige Schreibmöbelform vor uns. Zwischenformen bieten sich an: der vertiefte Kastentisch, das auf niedrigem Gestell in

26 Französischer Schreibtisch vom Typ des bureau Mazarin. Marketerie aus Messing und Schildpatt in »première partie«. Paris, Werkstatt des André Charles Boulle, um 1700
Köln, Kunstgewerbemuseum
Dieser kleine, einseitig für die Knie des Schreibenden eingezogene achtbeinige Schreibtisch ist in Form, Funktion und Dekor die geniale französische Formulierung eines neuen Möbeltyps: Vielfach nachgeahmt und weiterentwickelt, ist er der Urahn einer Unzahl bis heute gebauter Schreibtische. Zur Zeit Mazarins jedoch, der 1661 starb, hat das Möbel mit großer Wahrscheinlichkeit noch nicht existiert.

praktische Höhe gebrachte Kabinett, dessen zuweilen noch kastenartig aufklappbare(!) Deckfläche nun statt der Fallklappe zur Schreibunterlage wird: Belege fehlen. Erstmals seit der Spätgotik wird wieder ein ganzes Möbel speziell und ausschließlich für das Schreiben erdacht. Es löst die Kombinationsmöbel des 15. und 16. Jahrhunderts – Tisch und Schreibkassette oder Tischpult – ab.

Schlaglichtartig wird die Tendenz des Barock beleuchtet, für jeden bestimmten Zweck ein eigenes Möbelstück zu konstruieren. Zur gleichen Zeit entsteht etwa in England ein Schreibtisch, der uns den flachen, aufklappbaren Schreibkasten auf einem nun angearbeiteten Tischgestell zeigt: Tisch und Tischpult sind zu einem einzigen monofunktio-

nalen Möbel zusammengewachsen (Abb. 35). Dasselbe gilt für den uns erhaltenen Reiseschreibtisch des Markgrafen Ludwig Wilhelm von Baden-Baden, des Türkenlouis, und für den gleichzeitigen kleinen Schreibtisch im Mannheimer Reissmuseum (Abb. 30).
Zuerst wird das Phänomen der Spezialisierung von Möbeln in Frankreich angetroffen, dem Land, in dem sich im 17. Jahrhundert die unterschiedlichsten ausländischen Einflüsse verschmelzen: Auswanderer aus den Niederlanden in der Zeit der Befreiungskriege führen spanische und niederländische Elemente ein. Hofsitte und Aussteuer von Maria de' Medici, Mutter Ludwigs XIII., und der Spanierin Anna von Österreich, der Mutter Ludwigs XIV., bringen italienische und spanische Vorlieben. Der strengen spanischen Hofsitte und Mode entspricht die Marketerie in schwarzem Ebenholz, deren Kunst über die Mittelmeerländer und Spanien aus dem Fernen Osten (Schwarzlackimitation?) sowie aus dem süddeutschen Raum importiert wird und den lernfähigen französischen Möbelkünstlern bald zu der auch zunftmäßig ausgewiesenen Berufsbezeichnung des Ebenisten verhilft, die als Gütezeichen auch dann noch taugte, als längst nicht mehr in Ebenholz furniert wurde. Die aus den unterschiedlichen nationalen Beimengungen an Dekor und Formgebung gewonnene Legierung stützte sich nicht unwesentlich auf die Ornamentik Bérains und Marots und wurde von Carles Le Brun, gefeiertem Hofmaler und Leiter der «Manufacture des meubles de la Couronne» (Gobelins), in die neu entwickelten Möbelformen des Louis XIV. gegossen.
Die weitreichendste Formulierung eines neuen Schreibmöbeltyps ist dabei – über eine Zwischenform (Abb. 27) – aus dem *bureau Mazarin* (die Benennung wird hier aus Gründen der Tradition beibehalten) hervorgegangen und hat im 18. Jahrhundert seinen Siegeszug angetreten: das *bureau plat,* der imposante, flache, herrschaftliche Schreibtisch (Abb. 28). Beide Formen sind die Eltern vieler nachkommender Schreibmöbelgenerationen: Bis heute haben sie sich als flacher Zargentisch und als Bürotisch mit bisweilen bodentiefen Schubladenpfeilern als formal schlüssig und zweckmäßig erwiesen. Das Konstruktionsprinzip ist noch immer dasselbe: die Schreibfläche mit darunter oder im hinteren Teil auch darüber angeordneten Behältnissen für Schreibsachen und Papiere.
Exemplarisch führt das *bureau Mazarin* die Variationsbreite des Dekors vor, mit der wir dann auch im entwickelten 18. Jahrhundert konfrontiert werden. Schwarzes Ebenholz rahmt mit Kupfer eingelegtes und rot hinterlegtes Schildpatt. Ebenholz findet sich mit Blumenmu-

27 Achtbeiniges bureau plat. Schwarz gefärbtes Holz mit Einlagen aus Messing. Frankreich, um 1700
Paris, Musée des arts décoratifs
Bei diesem frühen Schreibtisch hat ganz sichtbar das bureau Mazarin Pate gestanden. Bald werden die inneren Beinpaare aufgegeben, die Schubladenpaare in die Tischzarge eingebunden: das klassische bureau plat ist da.

stern aus Elfenbein und gefärbten Hölzern eingelegt – diese Wirkung erinnert am ehesten an chinesische und japanische Schwarzlackarbeiten, die über die verschiedenen Ostindienkompanien nach Europa gelangten. Nußholz wird mit Ebenholz kombiniert, Ebenholz mit Kupfer und Lack, Zinn oder Messing mit rotem oder braunem Schildpatt. Die besondere Technik, aufeinandergeleimte Schichten von kontrastierenden Materialien – etwa Schildpatt und Messing – gemeinsam auszuschneiden, führt zur Bildung von paarweise angeordneten Mustersystemen, wobei in *première partie* und *contre partie* das Verhältnis von Muster und Grund zwischen den Materialien wechselt und folgerichtig auch zur Gegenüberstellung von Möbelpaaren führt. Sowohl diese Musterschemata als auch die Einführung des Schildpatt als Möbelfurnier wird gemeinhin mit dem Namen Boulles verbunden, obwohl gerade dieses Material sowohl in Frankreich als auch vor allem in den Niederlanden und in Süddeutschland lange vorher im Gebrauch war.

André Charles Boulle, der erste berühmte Künstler in einer langen Reihe renommierter Ebenisten, wurde 1642 in Paris geboren und bei seinem Vater, einem Schreiner, aber auch an der Kunstakademie ausgebildet. 1672 übernahm Boulle von Jean Macé die Werkstatt im Louvre und den Titel des privilegierten Hofebenisten Ludwigs XIV. Boulle spezialisierte sich auf die Marketerie von Schildpatt und Messing (Kupfer, auch andere Metalle), eine technisch aufwendige Kunst, die in verschiedenen Varianten auch von seinen Schülern, Konkurrenten und Nachfolgern ausgeübt wurde. Auf dem Gipfel seiner Aktivität beschäftigte Boulle etwa zwanzig Mitarbeiter, unter denen besonders die Spezialisten zur Herstellung der kostbaren Bronzebeschläge und figürlichen Appliken zu nennen sind. Daß Handwerker unterschiedlicher technischer Bereiche, entgegen den bestehenden strengen Zunftgesetzen, in einer Werkstatt zusammenarbeiteten, war das Vorrecht der königlichen Hofebenisten und der Künstler der «Manufacture Royale». Die zunftgebundenen Meister mußten dagegen Beschläge, Appliken, zum Teil ganze Möbelteile bei den Angehörigen anderer

◁

28 Bureau plat. Ebenholzfurnier mit Einlagen aus Schildpatt vor Messinggrund (contre partie). Werkstatt des André Charles Boulle, um 1700
Budapest, Iparmüveszeti Müzeum
Mit Bronzen übersät, mit kostbarer Boullearbeit überzogen: Das frühe bureau plat ist ein wahrhaft königliches Schreibmöbel und hat seinen Weg auch bis zu den ungarischen Fürsten gefunden, in deren Besitz es sich ursprünglich befand.

Zünfte (Schlosser, Gießer, Ziselierer, Vergolder, Drechsler, Polsterer) unter Abstrichen an die kompositorische Gesamtqualität herstellen lassen und kaufen.
So war Boulle unter den ersten Hofkünstlern, die die traditionellen Zunftbindungen durchbrechen und Möbel liefern konnten, die die höfischen Standards markierten und als stilistische Leitbilder von den hierarchisch nachgeordneten Werkstätten adaptiert wurden. Auf diese Weise sind die beiden wichtigen höfischen Schreibtische als Standardtypen in unzähligen Form- und Dekorvarianten für den Bedarf eines ständig sich aufblähenden höfischen Verwaltungsapparates und des hauptstädtischen Patriziats hergestellt worden. Aber als 1720 die Werkstatt Boulles ausbrannte, gingen nicht nur wertvolle, vom Meister selbst gesammelte Originalstücke unter, sondern hatte sich auch der hier gepflegte Stil im Zeichen der Régence Philipp von Orléans (1715–1723) bereits zu wandeln begonnen.

Die Marketerie aus Ebenholz, Schildpatt und Metall war schon weit vor der Jahrhundertmitte auch in Süddeutschland beheimatet. Aus Augsburg, der Stadt der Silberkistler, stammt ein 1628 angefertigter Arbeitstisch der Kurfürstin Magdalena Sibylla von Sachsen, der einen aus der italienischen Renaissance geläufigen Typ des gesockelten Wangentisches aufgreift (Abb. 29); er ist mit zahlreichen Bildplatten aus Ruinenmarmor dekoriert. Das Möbel steht mit seinem Inhalt – Nähzeug, Apotheker- und Barbierzeug, Spielen, Schreibzeug, mathematischen Instrumenten, Toilettensachen sowie einem Virginal (Tasteninstrument) – in der Tradition und Nachbarschaft von Kabinett- und Sammlungsmöbeln; sein Inhalt scheint für eine Vielzahl musischer, intellektueller, praktischer und sozialer Beschäftigungen und entsprechender Bildung geeignet. Wichtig für uns ist das aus dem Verwandlungsmöbel an der Längszarge herausziehbare Schreibpult, das sich aufklappen läßt und mit einem auswechselbaren Pultbrett (Schiefertafel und grundierter Pergamenthaut, der sogenannten «Rechenhaut») verschiedenen Schreibtätigkeiten zur Grundlage dient. Wie an manchen Schreibkästen des vorangegangenen Jahrhunderts gemahnt auch hier ein Gemälde im Innern der Bodenplatte mit Bibelverweisen an die sakrale Intention ernstzunehmenden Schreibens. Das Möbel ist verwirrendes Dokument des weltoffenen und lutherischen, dennoch konservativen und papstfreundlichen Kursachsen, das im Dreißigjährigen Krieg an der Seite des Heiligen Stuhles den habsburgischen Erzgegenreformator Ferdinand II. unterstützte.

29 Arbeitstisch der Kurfürstin Magdalena Sibylla von Sachsen. Ebenholzfurnier mit Einlagen aus Königsholz, Zinn und Ruinenmarmor. Augsburg, um 1628
Dresden, Staatliche Kunstsammlungen, Museum für Kunsthandwerk
Das überwältigend komplizierte Möbel, das bis hin zum Musizieren auf einem Virginal eine große Zahl verschiedener Tätigkeiten ermöglicht (Nähen, Verbinden, Frisieren, verschiedene Spiele, Toilette), birgt ein aufklappbares Schreibpult mit komplettem Schreibzeug sowie wissenschaftlich-mathematischen Instrumenten. Innerhalb des Pultes verweisen Bibelszenen auf den höheren Sinn ernstzunehmenden Schreibens.

Dieses höfische Prunk- und Ziermöbel, das samt eines im Sockel untergebrachten Faltstuhles leicht zusammengeklappt und transportiert werden kann, hebt sich deutlich von den übrigen Schreibmöbeln der Zeit ab. Denn allenthalben wird auch in Deutschland der flache Pultkasten und sein Tischgestell zu einer eigenen Möbelform verschmolzen. Der Erfindungsreichtum der Kunsttischler kennt dabei kaum Grenzen und spricht sich in einer erstaunlichen Typenvielfalt aus.
Ganz elementar ist die Verbindung von intarsiertem Kasten und scheiben- und spiralförmig gedrechselten Beinen an dem 1684 datierten

30 Kastenschreibtisch mit sächsisch-thüringischem Wappen. Sachsen, 1684
Mannheim, Reissmuseum
Die auf der Innenseite datierte Verschlußklappe des fest mit den gedrechselten Beinen verbundenen Tischkastens verdeckt eine nach vorne zu erweiternde Schreibfläche und acht flache Schubladen.

Schreibtisch des Mannheimer Reissmuseums (Abb. 30). Die herausgeklappte Vorderwand des Kastens vervollständigt das strenge Furnierbild der Schreibfläche, hinter der die Reihe der acht flachen Schubladen erscheint. Überdeutlich lebt hier der Typ des Kastenschreibtisches erneut auf, dem wir in der Spätgotik begegnet sind (vergleiche Abb. 9).

Der Schreibtisch des bayerischen Kurfürsten Ferdinand Maria (Abb. 31) integriert in die Kombination von Pult und Tischgestell auch noch den rückwärtig aufgesetzten Kabinettkasten mit Schubladen und mittlerer Tür. Das Möbelstück, dessen Entstehungsort ungewiß ist

31 Schreibtisch des bayerischen Kurfürsten Ferdinand Maria. Furnier Schildpatt und Metall, Elfenbein. München oder Antwerpen, 1680–1700. München, Residenzmuseum
Das Monogramm des frankophilen bayerischen Kurfürsten ziert ein in Boulle-Marketerie gearbeitetes Schreibmöbel, das, aus Schreibkasten und Kabinettaufsatz zusammengesetzt, an die Form eines neuzeitlichen Klaviers erinnert.

(München oder Antwerpen), ist einer der direkten Vorfahren des Aufsatz- oder Tabernakelschreibschrankes des folgenden Jahrhunderts. Wie nahe es auch den holländischen Schreibmöbeln verwandt ist, belegt ein in Nachahmung von Porzellan weiß lackiertes Aufsatztischchen, das schon früh in Berliner Besitz gekommen ist (Abb. 32).
In der Zeit der Gesellenwanderungen und der Migration aus politischen und religiösen Gründen war internationaler Austausch von technischem Können und stilistischen Überzeugungen keine Seltenheit. So ist etwa, als braunschweigische Arbeit, auch das deutsche Schreibmöbel nachweisbar, das als tiefer, in der Mitte eingezogener

32 Lackschreibtisch mit Kabinettaufsatz. Weißlackgrund mit Dekor in Gold und Bronzestreulack. Holland oder Berlin (Dagly), um 1700
Berlin, Schloß Charlottenburg
Vorbildhaft für süddeutsche und englische Schreibmöbel des späten 17. Jahrhunderts (vgl. Abb. 31, 36), ist dieser Möbeltypus seinerseits aus dem spanischen escritorio entwickelt. Die Bemalung in weißem Lack reflektiert die Vorliebe der Zeit für ostasiatisches Porzellan.

33 Schreibtisch. Nußbaum mit Elfenbeineinlagen. Braunschweig, 1694
Berlin, Staatliche Museen, Kunstgewerbemuseum Schloß Köpenick
Deutsche Version des neuentwickelten bureau Mazarin, des achtbeinigen Kastenschreibtisches. Es hat einem wichtigen Mitglied des Adels gehört, das seine gekrönten Initialen darauf anbringen ließ (AV = AU, Anton Ulrich, 1685–1714?).

34 Datiertes holländisches Schreibkabinett. Eichenholz. Nördliche Niederlande, 1628
Amsterdam, Rijksmuseum
Das fast puritanisch strenge Kastenschreibmöbel über mächtigen schwellenden Säulenbeinen, klobigen Verstrebungen und gedrückten Kugelfüßen zeigt, mitten im niederländischen Freiheitskampf, die Abhängigkeit vom spanischen Möbelbau (vargueño).

Kasten auf acht gedrechselten Beinen, dem französischen *bureau Mazarin* entspricht (Abb. 33). Die Schreibfläche liegt, wie bei manchen französischen Beispielen, unter der Verschlußklappe und hinter der beweglichen Vorderzarge. Zur gleichen Zeit hat es solche Kastenschreibtische nicht nur auf acht, sondern auch auf einem einzigen Fuß gegeben – ein prominentes deutsches Beispiel besitzt das Detroit Institute of Arts.

Ehe das prosperierende, bürgerlich protestantische und konservative Holland im 18. Jahrhundert von mehr internationalen Stilrichtungen beeinflußt wurde (Daniel Marot), blieben die spanischen und einheimischen Formkräfte des 16. Jahrhunderts im Schreibmöbelbereich stark. 1628 ist ein kleines Schreibkabinett datiert, das die holländische Variante des *vargueño* darstellt (Abb. 34). Nichts an dem nüchternen Eichenmöbel läßt auf die hohe Kunst der niederländischen Spezialisten in exotischen Furnieren schließen, von denen einige – möglicherweise infolge der Befreiungskämpfe der Generalstaaten von spanischer Herrschaft – nach Paris oder England ausgewandert waren. Dagegen verschloß sich das kleine Land, dessen Sozialstruktur zu einem Gutteil von reichen Reedern, Überseehändlern und Unternehmern gekennzeichnet war, lange den Einflüssen des westlichen großen Nachbarn, der es seit 1672 mit einem so verheerenden Krieg überzog, daß es sich nur durch planmäßiges Öffnen von Schleusen und Deichen zur Wehr zu setzen vermochte. Noch am Ende des Jahrhunderts entsteht eine Schreibkassette, die in Eisenbeschlägen, Maureskenornament und Stoffbespannung deutlich vom spanischen dekorativen Erbe zeugt (Rijksmuseum, Amsterdam).

Das englische Inselreich wurde unter den schottischen Stuarts (Jacob I., Charles I.) von vorwiegend religiös motivierten Kämpfen erschüttert, die zum Bürgerkrieg (1642–1648), zur Enthauptung des Königs (1649) und zum Commonwealth (1649–1660) führten, der puritanischen Militärdiktatur unter Lordprotektor Oliver Cromwell. Die Auseinandersetzungen hatten in gewissem Maße auch von den absolutistischen Bestrebungen Jacobs I. ihren Ausgang genommen; die Puritaner lehnten höfischen Prunk ab und stilisierten sich selbst durch

35 Englischer Kastenschreibtisch. Spätes 17. Jahrhundert Der mit zurückhaltender Ranken- und Blumenmarketerie und dem Ornament des Wurzelnußholzes geschmückte Kastentisch entspricht mit der strengen Form seiner oben eingezogenen und unten kantig manschettierten Beine durchaus dem Bild einer Gesellschaft, die gerade durch Vertreibung Jacobs II. die konstitutionelle Monarchie erkämpft hatte.

36 Scriptor oder fall front cabinet. England, um 1675
Ham House, Surrey
Trotz der kostbar gedrechselten und geschnitzten Beine oder des typischen »oyster veneer« (»Austernfurnier« aus Astquerschnitten) ist dieses englische Schreibmöbel nach seinem Typus Zeugnis für die Vorbildfunktion des spanischen vargueño, das über Holland vermittelt wurde, mit dem England bis 1702 in Personalunion regiert wurde (Periode William and Mary).

37 Englischer scriptor. Spätes 17. Jahrhundert
Ham House, Surrey
Das mit bisweilen kaleidoskopartig facettiertem »oyster veneer« geschmückte fall front cabinet nimmt nicht nur in den ins Tischgestell integrierten »lopers«, den ausziehbaren Plattenstützen, auf das spanische vargueño Bezug, sondern auch durch die beiden oberen seitlichen Verschlüsse der Schreibklappe. Allerdings ging dieser Stil seinem Ende entgegen: Der Hausherr von Ham House, John Maitland, Duke of Lauderdale, Freund Karls II. von England und Herr über Schottland, ließ sich in Holyrood House ein famoses, ganz andersartig eingerichtetes Barockschloß bauen.

strenge religiöse und militärische Zucht sowie rücksichtslos betriebenen wirtschaftlichen Nationalismus zu *God's own people,* dem auserwählten Volk, dem Gott durch Erfolg und nicht durch äußerliche Pracht Zeichen seines Wohlgefallens gibt. Diese trockene und nüchterne Grundhaltung ist noch in zwei Schreibmöbeln aus dem späten Jahrhundert zu spüren, als längst die Stuarts (Charles II., Jacob II.) wieder auf dem Thron saßen und einen französisch geprägten Absolutismus in Szene zu setzen versuchten (Abb. 36, 37). Die beiden *scriptors* aus dem adligen Ham House in Surrey beziehen sich nicht nur in ihrem Namen, sondern auch in ihrem Typus auf das spanische *escritorio.* Es ist gewiß nicht falsch, bei diesen Vorläufern des *bureau cabinet* auf eine weitläufige Vermittlung über das nach Spanien orientierte Holland zu schließen.
Der ornamentale Dekor solcher Möbel bediente sich mit Vorliebe, im Gegensatz zum übrigen Europa, der bildhaften Wirkung der Holzmaserung des Nußholzes (figured walnut), aus der auch aufwendige Musterungen – *oyster work* (Austern-Muster aus Astquerschnitten) und Pfeifenkopfmuster – entwickelt wurden. Seltener tritt die aus kleinen, weitverzweigten ornamentalen Ranken gebildete *seaweed-marquetry* (Seetang-Marketerie) auf.
Nach spanischem Muster werden die Schreibkästen auch mit kommodenartigen Untersätzen *(chest of drawers)* kombiniert. Der entstehende Schreibschrank *(fall front writing cabinet)* darf als einer der Prototypen gelten für die schlichte Schreibmöbelkultur eines Landes, das in der *Glorious Revolution* (1688) mit einer parlamentarisch kontrollierten konstitutionellen Monarchie den Absolutismus überwunden hatte.
Die mächtige Ausstrahlung höfischer Prachtentfaltung, die in Mitteleuropa zu manchmal stark überladenen Möbelungetümen inspirierte, war in England gebrochen. Von dem Aufsatz-Schreibschrank mit schräger Pultklappe abgesehen, bleibt das echte englische Schreibmöbel auch im 18. Jahrhundert nüchtern, zweckbetont und im Dekor weitgehend auf die Maserstrukturkombinationen beschränkt.

Italien stand seit dem 16. Jahrhundert mit den wichtigen Gebieten Mailand, Neapel und Sizilien unter habsburgisch-spanischer Fremdherrschaft. Im katholisch-konservativen Klima Spaniens, dessen Stern vor der aufgehenden Sonne Frankreichs verblaßte, konnten keine wesentlichen neuen italienischen Möbeltypen entstehen. So ist es die frühbarocke Ausformulierung der schon bekannten *studioli,* die wir in

38 Ligurisches studiolo. Nuß- und Nußwurzelholz. Frühes 17. Jahrhundert
Mailand, Castello Sforzesco
Das mit der »a bambocci« (Putten, Puppen) genannten figürlich-architektonischen Dekoration gestaltete prächtige Möbel des Frühbarock ist eine aufwendigere Formulierung desselben Möbeltyps des vorangegangenen Jahrhunderts; figürliche Kufen lassen es wie auf einem Podest ruhen. Die sogenannte Schreibplatte allerdings ist weit über einen Meter vom Boden entfernt und eher für den stehenden Möbelbenutzer gedacht.

Norditalien antreffen. Das ligurische oder toskanische *studiolo* des 17. Jahrhunderts mit der *a bambocci* genannten Dekoration verwandelt die senkrechten seitlichen Lisenen und das abschließende Gesims in eine bewegte Figurenszene mit eher beiläufiger und unscharfer biblischer und mythologischer Thematik (Abb. 38). Mit den figürlich endenden Kufen und ausziehbaren Plattenstützen erweist sich das Möbel erneut als ein Kabinettschrank, der das Schreiben nur in zweiter Linie denkbar sein läßt. Die innere Einrichtung ist eine manieristische architektonische Fassade mit Hermenpilastern und grottesken Beschlägen, im Zusammenhang mit der hoch gelegenen Klappe einem Schatzmöbel sehr angemessen. Die Belebung der glatten Außenflächen wird hier wie auch bei einem lombardischen Prunkschrank durch die lebhafte Wur-

zelmaserung des Nußholzes bewirkt. Dieser zweite, in Mailand erhaltene prächtige Kunstschrank stellt einen glücklichen Sonderfall der Möbelgeschichte dar (Abb. 39). Quintilio Lucini Passalaqua, Kanoniker und Auftraggeber des Werkes, hat in einer Denkschrift von 1618 nicht nur genaue Angaben zum geistigen und geistlichen Gehalt des Bildprogramms gemacht, sondern auch noch die Namen der ausführenden Künstler überliefert.
In deutlichem Bezug zur Architektur versinnbildlichen die fast freiplastischen Hermenpilaster des Unterkastens die Gewichtigkeit der moralisch-theologischen Aussage im Oberteil und des künstlerischen Aufwands, der zu seiner adäquaten Darstellung getrieben wurde. In die räumlich tief gestaffelte, prächtige Architekturkomposition des Schreins *(scrigno)*, die in ihrer pathetischen Ausgewogenheit an die Theaterfassade des Teatro Olimpico von Andrea Palladio in Vicenza gemahnt und sich in der Zusammenstellung der architektonischen Einzelheiten auf Entwicklungen der italienischen Hochrenaissance beruft (Michelangelo, Sangallo, Serlio), sind Elfenbeinallegorien der fünf Sinne und Gemälde eingefügt. Zusammen mit einer kleinen Bronzegruppe im offenen Mittelportal illustrieren sie die bösen Folgen einer nur von den Sinnen, nicht von sittlich-religiöser Grundhaltung geleiteten Vernunft: eine dunkle religiöse Mahnung im Frühlicht der Aufklärung.

Seit 1665 wurde das konservative, katholische Spanien, das durch die Vertreibung der Mauren und durch Gebietsverluste nach Kriegen mit England, Holland und Frankreich wie durch Blutverlust geschwächt war, von dem debilen Karl II. an das Ende seiner Großmachtrolle geführt. Auch kulturell und künstlerisch läßt die Innovationskraft des von Hof und Klerus gegängelten Volkes nach. Die bedeutendsten Maler (Ribera, Velazquez) gehen ohne bedeutende Nachfolger mit der Epoche Philipps IV. dahin; allein Murillo ragt mit seinen religiös und volkstümlich geprägten Bildern in die Zeit des Niedergangs hinein.
Offenbar bleibt das – noch heute in zahlreichen Sammlungen erhaltene – *vargueño* in Gebrauch (Abb. 40, 41). Es behält, sowohl auf dem *pie de puente* als auch auf dem *taquillón*, den Charakter der Reisekiste bei, die keinen kompositorischen Bezug zum Gesamtmöbel oder der Raumdekoration aufzuweisen scheint. Trotzdem sind sie ehrfurchtheischende Zeugnisse einer sehr hochstehenden Möbelkunst, die noch immer den exotischen Reiz der Kultur eines Landes vermittelt, die aus vielen außereuropäischen Quellen gespeist wurde.

39 Kabinettschrank in Form eines studiolo. Lombardei, frühes 17. Jahrhundert
Mailand, Castello Sforzesco
Der Kanoniker Quintilio Passalaqua hat 1613 in Como das komplizierte moralisierende Bildprogramm verfaßt, das an diesem »scrigno« (Schrein) in Elfenbeinstatuetten und kleinen Ölgemälden auf Kupfer dargestellt ist.

40 Spanisches escritorio oder vargueño. 17. Jahrhundert
New York, The Hispanic Society of America
Wie eine Schatztruhe ist dieses Möbel mit einem zentralen Schloß und sechs weiteren Sicherungen verschlossen. Während das Äußere des Kastens durch die auffälligen, mit rotem Samt unterlegten gesägten Eisenornamente der Schlösser und Beschläge wehrhaft und abweisend wirkt, spielt das in insgesamt 29 Schubläden und Fächer aufgeteilte Innere in Form einer phantastischen, blau, gold, weiß und schwarz gefaßten Architekturfassade überwältigenden dekorativen Reichtum aus.

41 Spanisches vargueño auf einem Kommodenunterschrank (taquillón)
17. Jahrhundert
New York, The Hispanic Society of America
Eher ein Tresor als ein Schreibmöbel, bleibt das vargueño mit seinen samtunterlegten gewaltigen Beschlägen und den Truhengriffen immer ein Sonderling in einer Zeit, in der Raum- und Möbelkunst zunehmend einheitlich konzipiert werden.

Rokoko und Klassizismus

1685 widerruft Ludwig XIV. das Edikt von Nantes, das den Hugenotten seit fast einhundert Jahren Glaubensfreiheit gewährt hatte. Er bewirkt dadurch eine Massenemigration, in deren Folge protestantische (Möbel-)Künstler den französischen Barockstil in anderen Ländern heimisch machen. Zusätzlich verteilt das neue Jahrhundert, das mit dem ersten Weltkrieg der Neuzeit um das Erbe des spanischen Großreiches (1701–1713) beginnt, die europäischen Machtgrenzen und Einflußsphären erneut grundlegend um. Frankreich, dessen absolutistisches Herrschaftssystem durch wachsende Anfälligkeit für ehrgeizige Kriege, übertriebenen Luxus und schlechte Berater (John Law; Mätressen; Staatsbankrott 1720) den politischen Verfall des Landes beschleunigt, steigt dennoch zur einflußreichsten Kulturnation auf. Nach dem Tode Ludwigs XIV. – sein Urenkel und Nachfolger war erst fünf Jahre alt – löste sich der von strengster Etikette geprägte Versailler Hof auf. Unter der Regentschaft Philipps von Orléans, Vetter des zukünftigen Königs, wurde Paris zur europäischen Hauptstadt der überfeinen Lebensart und der Entfaltung eines grandiosen Luxus. War das barocke Möbel mit festgelegtem Standort Teil der höfischen Raumkonzeption gewesen, so schaffen die über eintausend Pariser Möbelkünstler im 18. Jahrhundert in unzähligen Varianten eine unübersehbare Zahl von Spezialmöbeln für jeden erdenklichen Zweck. Im Bereich des Schreibmöbels entstanden aus den Grundformen des *bureau Mazarin* und des *bureau plat* nun zierliche Arbeits- und Toilettentische, schlankbeinige Pultschreibtische mit schräger Klappe *(bureau de pente; à dos d'âne)*, Zylinder- oder Rollverschluß *(bureau à cylindre)*. Das *bureau plat* wurde ergänzt durch Aufsätze *(bureau à gradin)* oder Beistellschränke *(cartonnier)*, zusätzlich konnte es durch eine über die ganze Fläche in flachem Bogen gespannte Rolljalousie verschlossen werden. Der historische Möbeltyp des Schreibkabinetts wurde aufgegriffen und entweder auf zierlichem Gestell *(secrétaire en cabinet)* oder als einheitlicher Schrank *(secrétaire)* mit Fallklappe *(à abattant)* zur Perfektion gebracht. Ein kleines Tischmöbelchen mit verschließbarem Aufsatz, das alles enthalten und zu allem dienen konnte, was der Dame der oberen Gesellschaftsschichten den Tag angenehm verkürzen mochte, wurde als *bonheur du jour* eines der beliebtesten Schreibmöbel des Jahrhunderts.

Eine der Grundforderungen an das französische Möbel der reichen Rokoko-Interieurs war Zierlichkeit und eine fast schwebende Leichtigkeit im Aufbau; selbst das gewaltige *bureau du roi,* viele Zentner schwer und mit über einhundert verschiedenen vergoldeten Bronzezieraten übersät (Oeben und Riesener, 1760–1769), wirkt auf seinen geschwungenen Beinen noch elegant und leicht.

Reziprok zum Anwachsen des lastenden Drucks von verfehlter Außenpolitik, selbstherrlicher Oberschicht, gewaltiger Staatsverschuldung und dem unter der Steuerlast aufbegehrenden Volk werden die Möbel feiner und aufwendiger. Mit der Ausnahme weniger wirklich für Schreib-Arbeit geeigneter Typen, insbesondere das *bureau plat* und seine verschließbaren Artverwandten, sind dies alles vorwiegend schmuckstückhafte Lustmöbel, an denen (wie uns die Pariser Gesellschaftsmaler überliefern) gelehrig-beiläufige Korrespondenz oder ga-

42 Sekretär mit vorgetäuschter Bibliothek. Paris, um 1765
Düsseldorf, Schloß Benrath
Überragend intelligentes und technisch perfektes Verwirrspiel zwischen den Bereichen Lesen und Schreiben. Der aus Buchrücken gebildete Jalousieverschluß gibt die Einrichtung, die mittlere Lade die Schreibfläche frei.

lante Noten aus der Feder geflossen sein mögen und deren Antworten sie verwahrten. Die gesellschaftliche Koketterie steigert sich bis zu den Möbeln, die ihre eigentliche Funktion hinter vorgetäuschten Buchrükken zu verbergen trachten (Abb. 42).

Einmal die Bürde des offiziellen, repräsentativen Hofmöbels abgewälzt, kennt die Phantasie der französischen Ebenisten nicht nur bei der Erfindung von Möbelformen, sondern auch in der Dekoration keine Grenzen. In ungeahnter Variationsbreite und überragender qualitativer Perfektion feiern Marketerie aus einheimischen und importierten Hölzern, Metallen und exotischen Materialien (Horn, Schildpatt, Perlmutt, Elfenbein), vergoldete Schnitzarbeiten und Bronzeappliken *(Ormolu),* Inkrustationen von echtem und nachgeahmtem *(vernis Martin)* ostasiatischen Lack, englischem Steingut (Wedgwood) und einheimischem Porzellan (Sèvres) Triumphe.

Anders als am Barockmöbel und anders als in der klassizistisch geprägten Architektur, gerät seit der Régence Philipps von Orléans die strenge klassisch gerade Möbelkante ins Schwingen, blähen und wellen sich, überkrustet vom asymmetrischen, wilden chinoisen Ornament der Rocaille, die Möbelflächen wie die gebauschten Stoffe der üppigen Damengarderobe, wie sie auf zeitgenössischen Gemälden zu bewundern ist. An sie gemahnt auch ein Möbel von geradezu erotischem Assoziationsimpuls: der Sekretär in Violinenform *(secrétaire violonné;* Abb. 43).

Der Reigen immer neuer Formerfindungen und die schier unerschöpfliche Kreativität im Bereich der Dekoration wird begleitet von einer immer aufwendigeren und raffinierteren technischen Einrichtung. Geheimfächer hatte es an Schreib- und Kabinettmöbeln schon lange gegeben. Jetzt werden sie besser gesichert (Tresore) und sind schwerer zu finden. Die leichte Rolljalousie oder der kompakte Zylinder ermöglichen den Verschluß der Schreibfläche, ohne diese zuvor freiräumen zu müssen. Zusätzliche Ablageflächen und Kerzenhalterkonsolen können herausgezogen, im hinteren Möbelkorpus verborgene Schubladeneinheiten herausgeklappt, Tischplatten beiseite geschoben, in der Tischzarge verborgene Aufsätze heraufgezogen werden *(meubles à transformation).* Lese- und Schreibflächen lassen sich nach Belieben in der Höhe oder der Neigung *(à la tronchin)* verstellen oder nähern und vergrößern sich beim Öffnen des Verschlußzylinders. Verschließbarkeit, Geheimfächer und überhaupt verborgene Aufbewahrungselemente waren jedoch nicht nur Spielerei zum Zwecke der Verblüffung, sondern dringendes Bedürfnis in der auf absolute Diskre-

tion ebenso wie auf zahlreiche Dienerschaft angewiesenen städtischen und höfischen Gesellschaft. Bis auf die mittelalterlichen Beispiele haben viele echte Schreibmöbel auf das große Sicherheitsrisiko der zumeist auf gezielte, nichtöffentliche Fernwirkung gerichteten Schreibarbeit durch entsprechende Abschlüsse Rücksicht genommen. Und nie war die Sicherung vor unbefugtem Zugriff wichtiger als in der Gesellschaft des 18. Jahrhunderts, die auf so vielfältige Weise durch Sippschaft, geschäftliche Beziehungen und mehrere gemeinsame Gegenstände der Eifersucht oder der Konkurrenz verflochten war.
Keine Möbelkunst ist so umfangreich dokumentiert wie die französische des Ancien régime, ein Umstand, der zur Kumulation einer fast unüberschaubaren Literatur beigetragen hat. Neue und strenge, jedoch nicht immer effektiv überwachte zünftische Verordnungen verpflichteten die Ebenisten spätestens seit 1743 (bis 1791) zur Kennzeichnung ihrer Werke, was zumeist durch Brand- oder Schlagstempel *(estampille)* geschah und wozu in der Regel der Gutachterstempel der Zunft gehörte, der aus den legierten Zeichen JME (Jurande des Menuisiers-Ébénistes) bestand und dem Beschauzeichen der Silberschmiedewaren entsprach. Durch den Stempelzwang und durch die erhaltenen Zunftarchive ist eine große Zahl von Ebenisten bekannt, deren Stil anhand signierter Möbelstücke erforscht werden kann. Das Datum der «maîtrise», des Erwerbs des Meisterrechts, gibt dabei zumindest einen Zeitpunkt an, *nach* dem die Stücke entstanden sein müssen.
Allerdings gab es auch eine große Zahl von Ebenisten, die sich mit Erfolg den repressiven Zunftgesetzen entziehen konnten. Die Meister und Möbelhandwerker *(ouvriers libres)* der zunftfreien Bezirke *(lieux privilegiés)* – besonders der Vorstadt St. Antoine, einem ehemaligen Klosterbezirk –, die Ebenisten des Hofes und die der staatlichen Manufaktur im Hôtel des Gobelins unterlagen weder der Stempelpflicht noch der Vorschrift, Bronzebeschläge, Schlösser, Spiegel oder Polsterungen bei den dazu berechtigten Zünften herstellen zu lassen.
Arbeiten der Hofkünstler lassen sich bisweilen anhand der Schloßinventare und Rechnungslegungen der Finanzverwaltung identifizieren. Weniger günstig ist es um die Erzeugnisse der freien Kunstschreiner bestellt. Die mächtige Zunft der Kaufleute *(marchands-merciers* u. a.), die auch Möbel vertreiben konnte, wehrte sich gegen die Stempelung, die ihren Lieferantenkreis auf die geschworenen Zunftmeister eingeschränkt hätte. Da aber ungestempelte Möbel auf dem Pariser Markt von Rechts wegen nicht verkauft werden durften, legalisierten manche unternehmerischen Händler – unter ihnen besonders *marchands-ébé-*

43 Sekretär in Violinenform – secrétaire violonné. Paris, Jean François Leleu, um 1765
Paris, Musée des arts décoratifs
Eines der beschwingtesten und außergewöhnlichsten Schreibmöbel, die je hergestellt wurden. Furniert in Rosenholz, Palisander und zwei kostbaren echten chinesischen Lackbildern.

nistes wie Pierre Roussel und Pierre Migeon (II) – die Produkte ihrer zunftfreien Zulieferer und Subunternehmer mit ihren eigenen Stempeln, so daß sie uneingeschränkt marktfähig wurden. So groß der graue Markt der nachträglich gestempelten und so groß die Zahl der gar nicht gemarkten Möbel auch sein mochte: nicht einmal zusammen mit den vielen signierten Möbeln war die Nachfrage annähernd zu befriedigen. Nicht nur die mächtigen Möbelhändler am Rande des Marktes, sondern auch die berühmten Hofebenisten Boulle, Cressent, Oeben, Riesener mußten große, zum Teil manufakturähnliche Unternehmen auf-

bauen, um den umfangreichen Bestellungen für die Ausstattung von Schlössern, Landsitzen und Stadtpalästen nachzukommen.
Zu den bedeutendsten französischen Ebenisten gehören (Meisterjahr in Klammern): Bernard II. van Risamburgh (vor 1730), Jacques und sein Sohn René Dubois (1742; 1755), Pierre Garnier (1742), Jean François Oeben (1754) und seine Schüler und Mitarbeiter Jean François Leleu (1764), Martin Carlin (1766) und Jean Henri Riesener (1768), Roger van der Cruse-Lacroix (1755), Adam Weisweiler (1778) und Johann Wilhelm (Guilleaume) Benemann (1785). Mit jedem von ihnen verbindet sich die Vorstellung eines bestimmten persönlichen Stils, der jedoch innerhalb des Zeitstils zu sehen ist und mit diesem wechseln kann. Diese Zeitstile, die in der auf Luxus und Reize des Neuartigen fixierten Pariser Haute volée fast als Möbel- und Einrichtungsmoden angesprochen werden können, waren zumeist bedeutend kürzer als die Lebenserwartung der qualitätvollen Möbel.
Die schweren, wenn auch prachtvoll dekorierten Werke Boulles wurden schon in der Zeit der Régence unmodern und im Louis XV. abge-

44 Bureau plat der Régence. Paris, Charles Cressent, um 1720
Lissabon, Museu Caluste Gulbenkian
Eleganter und zierlicher, aber in den wuchtigen »espagnolettes« (weibliche Büsten) der schlanken Beine noch vom Barock abhängig: die Version des bevorzugten Hofebenisten der Übergangszeit zwischen Barock und Rokoko.

stoßen und zerlegt. Kurz vor dem Ende des Louis XVI. jedoch (und dann wieder im 19. Jahrhundert) war die Schmucktechnik wieder modern, und man setzte viele Originalteile der alten Boullemöbel in neue Möbelkörper ein (Philippe Claude Montigny). Der Übergang vom Stil des Sonnenkönigs zu dem seines Urenkels Ludwig XV. (Abb. 44), war das bald als unvollkommen beiseite geschobene Präludium zu dem gestalterisch ausgefallensten und technisch schwierigsten Möbelstil, den je ein Land hervorgebracht hat. Die unterschiedlichsten Schreibmöbel, gebaucht oder geschnürt, furniert oder gelackt, ruhen auf zierlichen, bronzeumrankten und beschuhten Rehfüßen (Geißfüße; *pied de biche)* und heben sich wie unter Verleugnung ihres eigenen Gewichtes dem Benutzer entgegen. Aus dem komplizierten, aus heterogenen Teilen zusammengesetzten achtbeinigen *bureau Mazarin* hatte sich über Zwischenformen das *bureau plat* entwickelt, das durch das ganze Jahrhundert als das ehrfurchtgebietende Staats-Schreibmöbel bevorzugt wird (Abb. 45). In seiner schwingenden Form mit der durch den Volutenansatz der Beine motivierten Dreiteilung seiner Zarge setzt es

45 Bureau plat des Stils Louis XV. Paris, Jacques Dubois, um 1755–1760 Lissabon, Museu Caluste Gulbenkian
In der Proportion gelängt, die Silhouette und die Flächen sanft geschwungen, mit kostbar vergoldeten Bronzerocaillen beschlagen: ein wahrhaft königliches Möbel.

46 Bureau plat mit aufgesetztem Cartonnier und écritoire (Schreibzeug) im Stil Louis XVI. Paris, Pierre Garnier, Zunftstempel JME, um 1780 Lissabon, Museu Caluste Gulbenkian
Das alte Möbel im neuen Gewand: Geblieben ist die lange Form und die Grundstruktur der dreigeteilten Tischzarge des Schreibtisches, der ansonsten samt Aufsatz und Schreibzeug mit einer aus dem Formenvorrat der Antike geschöpften Ornamentvielfalt überzogen ist.

sich gesellschaftlich von oben nach unten, von Paris in die Provinzen durch, während in der Hauptstadt selbst unter den neuen klassizistischen Tendenzen (Transition als Übergangsstil seit 1760; theoretische Begründung von Graf von Caylus) schon der Stil Louis XVI. heranreift. Dessen gestalterische Neuerungen lassen sich am *bureau plat* am besten ablesen: Nach unten verjüngte, pfeilerartige Stützen tragen eine architravartige Tischzarge, an deren ehemalige Dreiteiligkeit nurmehr durch aufgesetzte, frei nach antiken Triglyphen assoziierte Ornamente erinnert wird (Abb. 46). Diese und andere, im weitesten Sinne der nun

47 Zylinderbureau der Transition. Paris, Jean Henri Riesener, um 1770
Lissabon, Museu Caluste Gulbenkian
Eine kleine Version des berühmten bureau du roi in Versailles, an dem Riesener über sechs Jahre lang als Nachfolger von Jean François Oeben gearbeitet hatte. Das elegant geschwungene Rokokomöbel zeigt sich hier, im Übergang zum Klassizismus des Stils Louis XVI., mit antikischen Löwentatzen, bekränzten Medaillonbeschlägen und antikisierenden Friesen.

neu entdeckten antiken Architektur Griechenlands entlehnten Schmuckformen (Friese, Rosetten, Medaillons, Konsolen, Vasen) haben dem Stil in Frankreich den Namen *à la grecque* und sein unverwechselbares Gesicht gegeben.
Eines der aufwendigsten Möbel, das jemals gebaut wurde, war das *bureau du roi* für Ludwig XV. In neunjähriger Arbeit (1760–1769) von zwei berühmten Hofebenisten geschaffen, war das prächtige Möbel gleichzeitig ein genialer formaler wie dekorativer Höhepunkt der Möbelkunst: Das *bureau à cylindre* besteht aus der Kombination von *bu-*

reau plat, seinem integrierten Aufsatz und der viertelkreisförmigen, intarsienbildgeschmückten Rolljalousie. Später hat der überragende Meister Riesener, der diese Aufgabe vom 1763 verstorbenen Oeben übernommen hatte, verkleinerte Wiederholungen des Möbels hergestellt, die mit den geradlinigen Abschlußfriesen, den kranzgeschmückten Beschlägen und den mächtigen Fußtatzen der Transition angehören (Abb. 47).

Auf der Grundform des *bureau plat* baut auch das *bureau de (en) pente* auf, dessen schräge Pultklappe die Inneneinrichtung zwischen Tisch-

48 Bureau de pente, Pultschreibtisch. Paris, Martin Carlin, um 1780/85 London, Sotheby's
Auch der Pultschreibtisch macht die Wende zum Klassizismus mit, auch wenn er zugunsten des bevorzugten secrétaire à abattant seltener gebaut wird. Das Möbel ist mit japanischen Lackbildern geschmückt.

49 Secrétaire en cabinet, Schreibtisch mit Sekretäraufsatz. Paris, Adam Weisweiler (?), um 1780
London, Sotheby's
Dieses elegante Hofmöbel, Kreuzung zwischen bureau plat, secrétaire à abattant und Kabinettschrank, wird mit einem »secrétaire de vieux lac fond noir« eines 1787 erstellten Versailler Inventars identifiziert, den der königliche »Marchand-mercier« Dominique Daguerre geliefert hatte. Der Händler bestellte seine Möbel bei Weisweiler und Martin Carlin, wobei er genaue Vorschriften zu machen schien (vgl. Abb. 48).

zarge und integriertem Aufsatz verschließt (Abb. 48). Es ist hier wegen seiner kostbaren, mit antikisierenden Friesen gerahmten japanischen Lackbilder ebenso Adam Weisweiler zuzuschreiben wie das 1784 im Cabinet du Roi in Versailles nachweisbare *bureau en cabinet,*

das aus dem flachen Schreibtisch durch einen wuchtigen Kastenaufbau eine Sonderform des *secrétaire à abattant* macht (Abb. 49).
Den Schranksekretär haben die Pariser Ebenisten erst im fortgeschrittenen Louis XV. erneut aufgegriffen (vergleiche Abb. 42, 43); in der Regierungszeit Ludwigs XIV. hatte der Möbeltyp ausschließlich als italienisierendes Kabinettmöbel dem höfischen Prunk gedient. Zumeist in kleinen und kleinsten Formaten (Pfeilersekretär) von den berühmten Meistern wie Oeben, Riesener, Leleu oder Carlin gefertigt, ist er das typische Schreibmöbel weniger des Hofes, sondern der privaten Pariser Gesellschaft. Wiewohl auf zeitgenössischen Darstellungen selten so anzutreffen, ist er doch als Damenschreibtisch aufzufassen.
Die zahllosen Klein- und Kleinstschreibmöbel, als Pult-, Kasten- oder Zylindertischchen häufig Miniaturen der größeren Vorbilder, sollen hier keine weitere Beachtung finden; als typische Boudoirmöbel gehen sie weit über die Funktion von reinen Schreibmöbeln hinaus.
Die Revolution hat der hohen Qualität der französischen Möbelproduktion kein Ende gesetzt. Wenn auch der Markt für Luxusgüter vorübergehend völlig zusammenbrach, nach der Aufhebung der Zunftordnung ein Wiederaufleben des alten Produktionssystems unmöglich schien, so meldete doch spätestens im Konsulat Napoleon weitgespannte Möblierungswünsche an: seit den großen Revolutionsauktionen war die Mehrzahl der höfischen Möbel ins Ausland verkauft, waren die Schlösser, die Napoleon erneut beanspruchte, praktisch leer. Viele der bedeutenden Kunstschreiner hatten sich retten können und begannen für die neuen Machthaber zu arbeiten. Die Tradition des französischen Kunstmöbels blieb dadurch auch im 19. Jahrhundert lebendig.

Am Ende des 17. Jahrhunderts hatte Österreich gegen den Protestantismus im eigenen Land erbitterte und, innerhalb der Heiligen Allianz, gegen den vordringenden Kara Mustafa verzweifelte Kämpfe (1683 Belagerung Wiens) geführt. Mit der Bildung der österreichisch-ungarischen Doppelmonarchie und dem endgültigen Sieg des Kreuzes über den Halbmond erlangte das Reich der Habsburger am Beginn des neuen Jahrhunderts seine größte Machtfülle. Das Kunstleben in der Metropole Wien, dem kulturellen Mittelpunkt des Reiches, blühte mit dem Wirken Fischer von Erlachs und Hildebrandts auf. Der Friede von Utrecht (1713) bescherte Österreich die italienischen Besitzungen des zerfallenen spanischen Reiches; stärkere Einflüsse aus diesem Lande sind die Folge (Pozzo, Galli Bibiena, Carlone). Das Jahrhundert Karls VI. und Maria Theresias ist so von italienischen und – was den höfischen Prunk betrifft – französischen Manieren geprägt. Dies drückt sich auch in der Möbelkunst aus, die von französischen Importen und diesen nachempfundenen einheimischen Werken bestimmt ist und insofern dem Stil, der an süddeutschen Höfen gepflegt wird, nahesteht. Allerdings mag der Qualitätsstandard nicht besonders hoch gewesen sein. Gegenüber einem um 1773 der Kaiserin aus Mailand als Geschenk übersandten Schreibtisch von Giuseppe Maggiolini wird die «Inferiorität» der Furniermöbelkunst in Wien vor dem Hintergrund der übrigen europäischen Herrscherhöfe augenfällig (Witt-Dörring).

In Bayern reifte unter den Wittelsbachern die Stadt München zu einem süddeutschen Barockzentrum heran. Kurfürst Ferdinand Maria, dessen Schreibschrank sich in der Residenz erhalten zu haben scheint (vergleiche Abb. 31), war – an der kostbaren Einlegearbeit in Boulletechnik unschwer abzulesen – ebenso frankophil wie sein Nachfolger Maximilian II. Emanuel, Feldherr im Kampf gegen die Türken, Statthalter der spanischen Niederlande und Mitstreiter Ludwigs XIV. Sein Schreibmöbel glaubte man bis vor kurzem identifiziert zu haben (Abb. 50). Auch wenn der auf gewaltigen, gegenläufig geschwungenen Füßen ruhende wuchtige Schreibkasten samt tabernakelartigem Aufsatz für den Ansbacher Hofschreiner Johann Matusch (tätig 1702–1731) gesichert scheint, so steht uns doch mit der aufwendigen Marketerie in der Art des A. C. Boulle die starke bayerische und süddeutsche Orientierung nach Paris vor Augen. Der Meister des Möbels ist ohne Zweifel in Paris ausgebildet worden und hat von dort Ornamentvorlagen nach Daniel Marot und Jean Bérain mitgebracht, ohne aber die Pariser Möbelformen selbst zu imitieren. Vielmehr greift er auf den älteren deutschen Typus zurück und paßt ihn durch Einziehungen und Schweifungen, C-Schwünge und Voluten dem nahenden Rokoko an.

Daß nicht alle Schreibmöbel der gleichen Zeit so fortgeschritten sein müssen, zeigt sich etwa an einem Schreibtisch mit Aufsatz aus Augsburg (Abb. 51), der das Konstruktionsschema des 17. Jahrhunderts – Schreibkasten mit Aufsatz auf vierbeinigem Gestell – tradiert und damit auch Formlösungen Hollands nahekommt (vergleiche Abb. 32). Sehr aufwendig ist das Tischchen, dessen Aufsatz von drei pagodenartigen Dächern bekrönt ist, in Boulletechnik marketiert. Bayern bleibt auch unter Karl Albrecht (1726–1745) nach Frankreich orientiert und kämpft, wie zuvor im spanischen, jetzt auch im österreichischen Erb-

50 Fränkischer Prunkschreibtisch. Um 1720
Nürnberg, Germanisches Nationalmuseum
Vermutlich vom Ansbacher »Kammer-Ebenist« Johann Matusch gearbeitet wurde der kostbar furnierte, aufwendig barock gesockelte Pultschreibtisch.

51 Schreibtisch mit Aufsatz. Furniert mit Schildpatt, Metall, Elfenbein. Augsburg oder Antwerpen, Anfang des 18. Jahrhunderts
München, Bayerisches Nationalmuseum
Zunächst für ein Werk der Augsburger Silberkistler gehalten, schließt sich der Kastenschreibtisch mit dem dreiteiligen, wie mit Pagodendächern gedeckten Aufsatz doch auch niederländischen Vorbildern an.

52 Schreibschrank für Ferdinand Christoph von Sickingen. Würzburg, Servatius Arend, 1727
Würzburg, Mainfränkisches Museum
Fast künstlich scheint das prächtig marketierte, wuchtige Möbel aus einem bureau Mazarin, einem Pultaufsatz und einem hohen Schrankteil zusammengesetzt. Um das hohe Gewicht aufzufangen, mußte der Würzburger Hofschreiner eine mächtige Mittelstütze anbringen. Charakteristisches Ornament der Zeit ist das (dunkle) Bandelwerk.

folgekrieg an der Seite des französischen Königs. Eine Reihe prächtiger Möbel aus den Werkstätten von Cressent, van Risamburgh und anderen legen in der Münchener Residenz Zeugnis von dieser engen Beziehung ab, die auch in der zweiten Jahrhunderthälfte stabil bleibt (Sekretäre von Oeben, Möbel von G. Jacob und andere) und auf die Münchener Möbelkünstler ausstrahlt (Entwürfe von J. Effner, F. Cuvilliés).
Auch die Kurpfalz und Kurköln stehen unter den Wittelsbachern während des ganzen Jahrhunderts unter starkem französischen Einfluß. Qualitätvolle Möbel etwa aus Mannheim und Schwetzingen (Kieser, Wahl), die auf dem Erbgang in die bayerischen Schlösser gelangten, legen diesen Schluß nahe. Seit etwa 1750 aber geht die französische, stilbildende Kraft vorübergehend in der von ausufernder Rocaille-Ornamentik charakterisierten süddeutschen Raum- und Möbelkunst auf (Paul Egell, Ferdinand Hund), die zweifellos zu nicht geringem Teil von den in Bayern geschaffenen Kirchenbauten (J. B. Zimmermann, E. Q. Asam, B. Neumann u. a.) und Schloßausstattungen (Amalienburg) getragen wird.
In den Schlössern der vom »Bauwurmb« befallenen Familie der Kurfürsten und Fürstbischöfe von Schönborn bildet sich nördlich von Kurbayern, zwischen Mainz (mit Mittelrhein) und Bamberg, Bruchsal und Würzburg ein Kranz eindrucksvoller Residenzen. Nach Osten schließen sich die Höfe der fränkischen Hohenzollern, »Seiner Baugnaden« Markgraf Karl Wilhelm Friedrich (Ansbach) und des »Vielgeliebten« Markgrafen Friedrich (Bayreuth), an. Aus diesem Gravitationszentrum höfischer Möbelkunst hat sich, von namentlich bekannten Hofschreinern wie Johann Matusch, Ferdinand Plitzner, Servatius Brickard, Servatius Arend, Carl Maximilian Mattern und Johann Georg Neßtfell eine Reihe gesicherter Schreibmöbel erhalten. In den frühen Beispielen ist trotz der französischen Ausbildung einiger Meister (Matusch) die schrittweise Abkehr vom westlichen Vorbild und die Genese eines typisch süd- und mitteldeutschen Möbeltyps, des Schreibschranks, nachvollziehbar.
In der seltsamen Kombination der Silhouette eines *bureau Mazarin* mit der eines schrankartig hohen Kabinettaufsatzes (1713; Mainfränkisches Museum Würzburg) geht Servatius Arend diesen Weg. 1727 hat er, zwei Jahre vor seinem Tod, eine mit dem Bandelwerk des beginnenden Rokoko geschmückte aufwendige Version dieses Schranktyps für den jungen Würzburger Adligen von Sickingen geliefert (Abb. 52). Wie alle Kabinettschränke ist dieses Prunkstück in barocker Tradition

und im Gegensatz zu vielen Schreibtischen der Régence und des Louis XV. ein Wandmöbel. Das spricht sich deutlich in der Existenz einer wuchtigen hinteren Mittelstütze aus, die wie für die Pedale eines Orgelpositivs gedacht zu sein scheint. Hinzuweisen ist auf die im Aufbau erkennbare Dreiteiligkeit – die Füße schrumpfen später zu Kugeln oder kurzen (Voluten-)Stützen –, die für alle Schreibschränke verbindlich wird: ein in der Mitte mehr oder weniger eingezogener Tischkasten, der bis zur kommodenartigen Schubladeneinheit wachsen kann, der Pultkastenaufsatz und der oft aufwendig verdachte und übergiebelte Aufsatz mit einer variantenreichen Kombination aus Schubladen und Türen.

Voll ausgebildet steht uns ein solcher mainfränkischer Schreib-Schrank der Jahrhundertmitte in dem Prunkmöbel des speyerischen Fürstbischofs Franz Christoph von Hutten zu Stolzenberg aus dem Bruchsaler Schloß vor Augen (Abb. 53). Zunächst dem Schönbornschen Hoftischler Neßtfell, dann dem Bruchsaler Wolfgang Elias Weinspach zugeschrieben, ist der *Tresor von Nußbaum* mit seinem geschweiften und geschwungenen, von geraden Kanten begrenzten Korpus, der aufwendigen Bandelwerk-, Würfel- und Bildmarketerie und den aus Laubwerk entwickelten Rocaille-Beschlägen möglicherweise ein Import aus den Hofwerkstätten Würzburgs. Die senkrechten Außenkanten sind wie durch Spangen verstärkt, die über dem Boden als Rocaillen und Voluten kokett ausschwingen und sich als Stützen den eigentlichen Volutenfüßen hinzugesellen. Eine vergleichbare Kantenbetonung, die aus architektonisierenden Ecksäulen und Pilastern entstanden zu sein scheint, begegnet auch seit etwa 1740 bei einer großen Zahl der mächtigen Kastentresore, die den Mainzer Schreinern zugewiesen werden können (vergleiche Abb. 61, 62). Außergewöhnlich ist die Verwendung der beiden Aufsatztüren als einheitliche Bildfläche, die

▷

53 Schreibschrank des Fürstbischofs von Speyer, Kardinal Franz Christoph von Hutten zu Stolzenberg. Maingebiet, Würzburg (?), um 1755
Bruchsal, Schloß
Der »Tresor von Nußbaum mit von Holz, Schildkrot und Perlenmutter eingelegten« Furnierbildern gehört zu den prächtigsten deutschen Schreibschränken: überwuchert von geschnitzten, gegossenen oder eingelegten Rocaillen und Voluten, die auch die Dekoration der phantastischen Innenraumdarstellung bilden, die als zusammenhängendes Furnierbild über beide Aufsatztüren gelegt ist. Bandelwerk, Kartuschen, Phantasievögel und geschnitzte, unten kokett abgespreizte Kantenvorlagen vervollständigen das überreiche Schmuckwerk des Möbels, dessen Herkunft nicht eindeutig nachweisbar ist.

für das Marketeriebild (Elfenbein, Perlmutt, Schildpatt, farbige Hölzer) einer reichen Innenarchitektur mit Ausblicken auf eine Stadtlandschaft (Augsburg) genutzt ist.

Wie unterschiedlich ein vom Bauprinzip her vergleichbares und nahezu gleichzeitiges Möbelstück im mittelrheinisch-pfälzischen Raum aussehen kann, zeigt ein fast bildhauerisch durchmodellierter behäbiger Schrank, dessen Aufsatz die ausladenden, großzügigen Formschwingungen des Unterbaues fast genau und spielerisch wiederholt (Abb. 54). Zu den kleinen galanten Szenen zwischen lebhaften Rocailleformen auf den Schubladenfronten stellen sich auf Türen und Schreibklappe die Embleme der vier Jahreszeiten: trotz eines Besitzerwappens eine unpersönliche und allgemeingültige Allegorie, die zeigt, daß das Möbel prinzipiell als Serienstück hergestellt worden sein kann.

Ein wahrhaft prunkendes, als Huldigung eines Hofschreiners an seinen bischöflichen Landesherrn gedachtes Schreibmöbel ist das Kleinod, das Carl Maximilian Mattern 1745 in Zusammenarbeit mit dem Hofbildhauer Johann Wolfgang van der Auwera für Friedrich Karl von Schönborn in Würzburg baute (Abb. 55). Die kräftige Kastenzarge des Tisches, aus der sich eine große, flache Schreibplatte ziehen läßt, ruht in den aus Muschel-, Schnecken- und Maskengrottesken plastisch gebildeten, vergoldeten Stützen wie ein Edelstein in seiner Fassung. Tischkasten und Aufsatz, in Nußbaum, Birke, »cypressenholz, berlamutter, helffenbein und messing auf französ. arth« kostbar eingelegt, von Rosenholz und vergoldetem Schnitzwerk (Rocaille, Muschel, Ranken, Füllhorn) bekrönt, sind in ihrer Form allerdings barock-traditionell. Dieser »der proportion nach wohlgestellte Tresour« fand den Beifall seines Adressaten nicht; der Fürstbischof befand, daß solche pompösen, aus dem Barock schwer, kantig und überladen in das Rokoko hineinragenden »machines zu fürstl. meublirung nicht mehr schiklich« seien. Dem mit einem unglaublichen Maß an Kunstfertigkeit und Perfektion gearbeiteten Möbel ist die Dekorform des Rokoko nur wie ein Negligé übergeworfen. Es ist massig und prätentiös und hat durch seine mangelnde Anpassung an die eleganten Erfordernisse der fortgeschrittenen Zeit den wirtschaftlichen Ruin eines der künstlerisch und technisch bedeutendsten deutschen Möbelkünstler eingeleitet.

1747 wurde es weit unter Preis und nach Änderung des Wappens an den Nachfolger Schönborns verkauft; um dieselbe Zeit verbannte der französische Hof die barocken Boulle-Möbel endgültig aus seinen Schlössern.

54 Schreibschrank. Mittelrheinisch, Mitte des 18. Jahrhunderts
Mannheim, Reissmuseum
Die vier Jahreszeiten und die galanten Szenen sind reichlich belanglose Symbole für einen derart reich geschmückten und originell modellierten Schreibschrank, dessen Aufsatz den Umriß des Unterteiles spielerisch wiederholt. Bronzebeschläge und aus verschiedenfarbigen Hölzern eingelegte Rocaille- und Lambrequinmotive sowie Bandelwerk bestimmen die hohe Qualität des Möbels, auf dem möglicherweise einmal Frankenthaler Porzellanvasen gestanden haben.

In Bamberg entwirft Hofschreiner Nikolaus Bauer einen ganz selbständigen, eigenwilligen Möbelstil, der – hierin sind allenfalls einige gleichzeitige italienische Möbel vergleichbar – in einer fast organisch

55 Schreibschrank für Friedrich Karl von Schönborn, Fürstbischof von Würzburg. Carl Maximilian Mattern und Johann Wolfgang van der Auwera Würzburg 1745
Würzburg, Mainfränkisches Museum
Nach seiner Ernennung zum Hofschreiner verfertigte Mattern »eine mit schöner Zeichnung . . . von cypressenholz, berlamutter, helffenbein und messing auf französ. arth eingelegte, auch überhaupt der proportion nach wohlgestellte Tresour«. Das Rokoko-Ornament ist dem schweren Tischkasten und dem tabernakelartigen Aufsatz nur vorgeblendet und aufgesetzt.

56 Schreibschrank. Bamberg, Nikolaus Bauer, um 1760
Bamberg, Neue Residenz
Der Bamberger Hofschreiner scheint ein Spezialist in plastisch modellierten Möbeln gewesen zu sein, wie dieser matronenhaft gebuste Schreibschrank ahnen läßt, dessen parkettiertes Furnier ihn wie ein Stoffmuster rundherum überzieht.

anmutenden Oberflächenbewegung seinen Ausdruck findet (Abb. 56). Dabei werden die wie geknetet wirkenden allseitigen sphärischen Krümmungen (allein die Schreibplatte ist davon ausgenommen) durch die komplizierte geometrische Parkettierung in Gitter- und Würfelmuster in ihrer Wirkung feinsinnig konterkariert; das Schnitzwerk ist zugunsten der Flächen auf feines rahmenbegleitendes Profil- und Ornamentwerk zurückgenommen. Auch dieses Möbel ist eine höchst kunstvolle, aber letztlich unelegante »machine«, wenn auch nicht barock und zeremoniell-steif, so doch prall matronenhaft und betulich. Es ist nicht erstaunlich, daß in den Hofschreinereien der süddeutschen Machtzentren die importierten französischen Möbel, die sich in erklecklicher Zahl noch nachweisen lassen, die Nachempfindung dieser

57 Schreibtisch mit gestaffeltem Aufsatz vom Typ des bureau à gradin
Würzburg, Mitte des 18. Jahrhunderts
München, Kunsthandel Almas
Feine Marketerie aus Palisander- und Zedernholz und dekorative Bronze-Beschläge kennzeichnen die Qualität dieses Möbels.

zierlichen, freistehenden Raumkunstwerke beflügeln. So entsteht möglicherweise im Würzburger oder Bayreuther Raum nach 1750 die süddeutsche Anverwandlung des *bureau plat à gradin,* mit hervorragender Furnierkomposition aus Palisander und Zeder (Abb. 57). Es ist kein höfisches Möbel, aber in der überzeugend schlichten, elegant geschwungenen Umrißlinie lebt die Vorstellung von der Alternative zur massiven, bodenständigen deutschen Möbelkultur.

Ähnliches gilt für das im dritten Viertel des Jahrhunderts vom Bamberger Hofschreiner Balthasar Herrmann für Fürstbischof Adam Friedrich von Seinsheim – einen der Nachfolger der Schönborns in Würzburg und Bamberg – geschaffene *bureau plat,* das mit einem revolutionären Jalousieverschluß über der ganzen Schreibfläche ausgestattet ist (Abb. 58). Die Inspiration der Möbelform ist französisch,

58 Schreibtisch des Fürstbischofs Adam Friedrich von Seinsheim
Bamberg, Balthasar Herrmann, um 1760
Bamberg, Neue Residenz
Nach der Jahrhundertmitte kam der Roll- oder Jalousieverschluß auf, der hier einen Schreibtisch vom Typ des bureau plat verdeckt; das elegante Rokokomöbel bekommt dadurch einen so strengen Zug, wie ihn erst – eine Generation später – die klassizistischen Möbel wieder besitzen werden.

die Erfindung der Jalousie vielleicht kongenial; der zur Aufnahme des gewaltigen Rollverschlusses herausgedrückte Unterbauch verschleift aber die Eleganz des Vorbilds vor allem im Bereich der Tischzarge, deren zur mittleren Einziehung aufschwingende Dreiteiligkeit nur mehr als mühsames Zitat erkennbar ist.

Zahlreich sind die Beispiele der Orientierung deutscher Tischler am eleganten Möbelbau des mächtigen und so glänzend repräsentierenden westlichen Nachbarn. Doch nur ganz selten ist aus den Wurzeln des Vorbildes – etwa wie in den Arbeiten des Münchener Hofarchitekten Joseph Effner oder im friderizianischen Rokoko der Gebrüder Spindler und Melchior Kamblis – ein wirklich eigenständiger deutscher Möbelstil erwachsen.

Denn die Vorliebe für das französische Möbel ist besonders im großbürgerlichen Milieu nicht so stark, daß die nationale Produktion in ihrer Kreativität wesentlich gehemmt worden wäre. Wenn auch bisweilen als »machine« beargwöhnt, erfreut sich weiterhin – neben einer Reihe von kuriosen Verwandlungs- und Kommodenschreibtischen (Abb. 59) – vor allem der große Schreibschrank allgemeiner Beliebtheit. In der Reihe der kurfürstlichen und bischöflichen Residenzstädte der Schönborns wurde vor allem Mainz, dessen Erzbischof gleichzeitig auch Erzreichskanzler war, zu einem überaus bedeutenden Möbelzentrum. Das Handwerk war in der engen Stadt weitgehend von den Zunftregeln beherrscht, aufgrund deren Vorschriften genaue Zeichnungen der Meisterstücke, die »Meisterrisse«, angefertigt werden mußten. Solche in erstaunlicher Zahl erhalten gebliebenen Konstruktions- und Aufrißzeichnungen haben die Identifizierung einer Reihe von Möbeln ermöglicht, die als Beweise künstlerischer und technischer Meisterschaft den Zunftoberen vorgestellt werden mußten. Doch waren die Zunftgesetze im übrigen beklagenswert rückständig und repressiv, sollten sie doch nicht zur Hebung des Gewerbefleißes dienen, sondern unlauteren Wettbewerb und zu starkes Anwachsen der Zahl konkurrierender Meister verhindern. So kann der Schreiner Franz Anton Herrmann um 1735 nur mit Rückendeckung des Kurfürsten selbst die Zulassung eines neuartigen Möbeltypus als Meisterstück erreichen, das nachmals zum Inbegriff eines Mainzer Meistermöbels geworden ist: Von Ihrer »Churfürstl.en Gnaden . . . nicht nur allein bestens belobt, sondern auch sogleich gnädigst approbirt« wird Herrmanns »Engl. Schreib-Casten . . . nach der neuesten Invention« zum Urbild des berühmten Mainzer *cantourgen,* dem prächtigen Kontörchen (Abb. 60, 61). Es ist ein, möglicherweise tatsächlich nach englischem

59 Pfälzische Schreibkommode. Um 1765/70
Mannheim, Reissmuseum
Schmuck- und bildhaft wirkende Maserungen von Nußbaum-, Birken- und Obstbaumhölzern bestimmen zu einem wesentlichen Teil die Dekoration dieses erstaunlichen Verwandlungsmöbels in der Form einer Kommode, die vom Typus her dem englischen bureau-secretaire – ohne schräge Pultklappe – entspricht.

Vorbild erdachter, massiver Kommodenunterbau mit kurzen Füßen und aufgesetztem, mit schrägliegender Platte verschlossenen Pultaufsatz; vergleichbare englische Einflüsse hatte es möglicherweise durch Gesellenwanderungen oder dynastische Landesbeziehungen durchaus – etwa in Ansbach (Martin Schuhmacher) und vor allem in Sachsen – gegeben. Der pompöse zweitürige Aufsatz des Urtyps mag in Propor-

60 Meisterriß zu dem cantourgen des Franz Brant. Mainz, 1766
Berlin, Kunstbibliothek
»Heut dato den 28ten may 1766 habe ich frantz brant disen ris mit Eigener hant verfertiget«, lautet die Versicherung des angehenden Meisters neben Ansicht, Grundriß und Querschnitt seines Meisterstücks (vgl. Abb. 61).

61 Mainzer cantourgen. Franz Brant, Mainz 1766
Mannheim, Reissmuseum
Der klassische Mainzer Schreibschrank ist das cantourgen = Kontörchen, kleines Kontor, seit Franz Anton Herrmann den »Engl. Schreib-Casten so nach der neuesten Invention« gearbeitet und mit erzbischöflicher Hilfestellung als Meisterstück durchgesetzt hatte (1736). Grundform und gestalterisch einheitliche Komposition – gefußter Schubladenkasten, Pult- oder Schreibklappe (wie hier bisweilen sogar konkav eingeschwungen!) als formale Überleitung zum meist zweitürigen, gegiebelten Schrankteil – bleiben bis in den Klassizismus erhalten, was sich vor allem an den erhaltenen Meisterzeichnungen nachvollziehen läßt.

tion, konkaver Einschwingung, flankierenden gesockelten Säulen und figurengekrönter Vergiebelung die Herkunft von barocken architektonisierenden Altarretabeln nahelegen. Die Betonung der senkrechten Außenkanten durch pseudoarchitektonisch modellierte und durch C-Schwünge bisweilen wie gesockelt wirkende Bandvorlagen wird seit Herrmann verbindlich und bleibt eine Zutat, auf die selten ein angehender Mainzer Schreiner bei der Rezeptur seines Meisterstückes verzichtet und die, wenngleich rudimentär, auch an provinziellen Möbeln vergleichbaren Typs erscheint. Häufig sind, wie in den beiden gewählten Abbildungen (Abb. 60, 62) die Möbel einander so ähnlich, daß auf starke Homogenität der Werkstatt-Traditionen, wenn nicht gar auf ein und dieselbe Werkstatt geschlossen werden kann. Auf jeden Fall scheint dieser Typ des Schreibschranks als bevorzugtes Meistermöbel – Bravourstück, virtuose Handübung der Meisterschaft – traditionsbildend gewesen zu sein: Dem Modemöbel, das in seinen reichsten Artikulationen wegen ausladendem Unterbau und kleiner, auch innen vielfach sphärisch gekrümmter Schreib-Klappe nicht immer optimal für seinen mutmaßlichen Zweck eingerichtet ist, werden die sich mit dem Zeitstil wandelnden Dekorformen unter Beibehaltung der Grundstruktur angeschneidert. Noch im Klassizismus des auslaufenden Jahrhunderts besteht es – jetzt geradflächig und mit architektonisch aufgefaßten Details wie Säulen, Lisenen und verkröpften Gesimsen – aus der gefußten zweischübigen, säulenflankierten Kommode, dem Pultgeschoß und dem übergiebelten Aufsatz, auch er mit von der Baukunst entlehnten Stützenformen gerahmt.
Auch in anderen deutschen Möbelzentren, in Aachen wie im Rheinland, in der Eifel und in Hessen, in Westfalen und im gesamten mitteldeutschen Bereich, im Pfälzischen und Badischen bis hinunter in die Schweiz (Matthäus Funk in Bern) und in die Steiermark, wurde der Schreibschrank ein überaus beliebtes, weil vielseitiges und repräsentatives Einrichtungsstück. Ein Modell, das in bemerkenswert schlichter Form und überraschender Ähnlichkeit in allen genannten Gebieten in großer Zahl auftritt, ist klar in seine oft einzelnen drei Teile (à trois corps) gegliedert: ein meist in einer Ebene geschweifter dreischübiger Unterbau, ein geradwinkliger Pultkasten mit schräger Klappe und ein geschweifter Aufsatz mit seitlichen Schubladeneinheiten, großer tabernakelartiger Mitteltür und geradem Abschlußgesims (Abb. 63).
Ein Zentrum besonders charakteristischer Schreib-Schränke wurde spätestens seit den dreißiger Jahren des Jahrhunderts das sächsische Dresden und das von Mainz abhängige thüringische Erfurt. Trotz feh-

62 Mainzer cantourgen. Johann Philipp Raab, 1764
Karlsruhe, Badisches Landesmuseum
Beispiel für die kompositorische Homogenität der Mainzer Meistermöbel: auch hier dieselbe Möbelform, überzogen mit einer kostbaren geometrischen Furniermusterung aus perspektivischem Flechtwerk aus Nußbaum, Buchs- und Zwetschgenholz. Die Pultklappe ist fast bis zur Unbenutzbarkeit gekrümmt, ein Zeichen, daß der Schreibzweck bei diesen Möbeln nicht im Vordergrund stand.

lender dynastischer Verbindungen und nur selten nachweisbarer Gesellenwanderungen war es im von starker bürgerlicher Kultur geprägten Sachsen tatsächlich der importierte englische Schreibschrank des frühen 18. Jahrhunderts, der diese Entwicklung bestimmte. Frappierend eng an das Schreibmöbel der Zeit Wilhelms III. und seiner Frau Maria II. Stuart und der Königin Anne angelehnt erscheinen Stücke wie der Schreibschrank mit gegiebeltem Spiegelaufsatz auf hohen *cabriole legs* (Abb. 64), den Nicolaus Hingst 1726/27 gearbeitet hat. Die Möbelflächen sind eben und mit Holzmaserfurnier geschmückt. Ähnliche recht genaue Formübernahmen, namentlich der wuchtige Schrank mit drei- oder mehrschübigem Kommodenteil, Pultaufsatz und unter einfachem oder doppeltem Giebelbogen *(double dome)* zusammengefaßten zweitürigem Aufsatz, haben sich zahlreich zumal in Dresden selbst erhalten. War noch in der Innungsordnung des auslaufenden 17. Jahrhunderts ein »altväterischer« – zweifellos dem gotischen Zahl- und Schreibtisch ähnlicher – »Schreibe-Tisch mit einem furnierten Blatte, unten und oben mit einer geschnittenen Zargen, Laub- und Maßwergk« als zünftisches Meisterstück vorgesehen gewesen, wird es spätestens seit 1730 – also wie in Mainz – der englische Schreibschrank, wobei mit englisch wesentlich die Art, nicht die Herkunft oder Formverbindlichkeit des Möbels bezeichnet wurde.

Mit der zunächst strengen englischen Form kam auch eine Dekortechnik nach Sachsen, die man seit dem 17. Jahrhundert in England und Westeuropa von fernöstlichen Importen kannte, schätzte und imitierte: der Lack, die Lackmalerei (Abb. 65). Leuchtend prunkvoll rot oder edel schwarz prangten bereits englische und französische Kabinettschränke, selten in Weiß. In der »zu großer Potentaten Belustigung erfundenen Laquierkunst« stand Dresden mit einem Christian Reinow oder Martin Schnell an ebenso exponierter Stelle wie Berlin mit Gerard Dagly, der aus dem belgischen Spa und dessen Malerschule stammte. Das ostasiatische Vorbild wirkt in dem abgebildeten Beispiel so stark, daß dem Schrank ein kleiner fernöstlicher pavillonartiger Bau vorgeblendet ist, dessen Pagodendach durch die herausschwenkbare Schreibfläche gebildet wird.

Soweit die englische Patenschaft von Schreibmöbeln betroffen ist, bleibt das sächsische Rokoko an der Oberfläche und kann als dekoratives Gespinst aus vergoldeter Schnitzerei und Bronzezierat (so an einem Beispiel im Victoria & Albert Museum, London) die einmal ausgebildete Grundform überziehen, die manchmal in den bedeutenden Bei-

63 Dreiteiliger Schreibschrank »à trois corps« mit großer Mitteltür im Schrankaufsatz. Rheinland, Mitte des 18. Jahrhunderts
Köln, Kunstgewerbemuseum
Formal fast identische Möbel dieses Typs, deren drei Teile für sich klar gegliedert sind und deren Aufsatz mit seiner großen Mitteltür häufig an ein Tabernakel erinnert (Tabernakel-Schreibschrank), treten sowohl in Westfalen wie auch in der Schweiz, im Rheinland oder in Tirol auf.

64 Schreibschrank nach dem Vorbild eines englischen bureau on stand.
Dresden, Nicolaus Hingst, 1726/27
Dresden, Staatliche Kunstsammlungen, Museum für Kunsthandwerk
Der über geschwungene Beine gestellte zweischübige Pultschreibtisch entspricht auch im Nußbaumfurnier einem englischen Vorbild (vgl. Abb. 97). Daß er »mit einem Spiegel Glaß und einem muschlichten Spiegel Aufsatz« versehen war, läßt auch an die Verwendung als Toilettentisch denken.

65 Schreibschrank. Dresden, Gottfried Borlach? (Tischler), Christian Reinow (Lackmeister), um 1745–49
Frankfurt, Museum für Kunsthandwerk
Vor den gänzlich geradwandigen korallenrot und golden lackierten Möbelkorpus vom Typ des bureau cabinet ist ein plastisch hervortretender pagodenförmiger Pultschreibtisch geblendet, dessen Schreibklappe das konkav geschwungene Pagodendach bildet. Das sehr hohe (240 cm), von einem Sprenggiebel gekrönte Schreibmöbel ist innen türkisblau lackiert, seine Ornamente und figürlichen Darstellungen sind teilweise aus getriebenem und vergoldetem Kupferblech plastisch aufgesetzt.

66 Dresdener Schreibschrank. Mitte des 18. Jahrhunderts
Wiesbaden, Kunsthandel Keul
Mit der dramatischen Wirkung dichter Maserbilder des Nußholzes und kostbaren vergoldeten Rocaillebeschlägen arbeitet die Dekoration dieses wie modelliert wirkenden Schreibschrankes. Ein fast identisches Exemplar in Privatbesitz war innen mit verspiegelten Wänden und Konsolen als Miniatur-Porzellankabinett eingerichtet.

spielen in der vielfach geschwungenen Oberfläche des Kommodenunterschrankes eine nischenartige Einziehung für die Knie aufweist (Abb. 66).

Eine Formvariante hat das thüringische Erfurt hervorgebracht, wo dasselbe Möbelstück – die ausgeschnittene Fußzarge weist ebenfalls auf das englische Vorbild – wie die Balustervase modelliert erscheint, die auch zumeist auf solchen Innenarchitekturen zu denken ist (Abb. 67).

Gisela Haase hat mit Recht darauf hingewiesen, daß diese nach *englischer Art* gemachten Schreibschränke, die in großer Zahl gefertigt und an den Hof geliefert wurden – 1727 über fünfzig Stück –, kaum immer dem Zweck gedient haben mögen, den ihr Name nahelegt. So ist bekannt, daß man darin bisweilen Flaschen und Gläser oder Toilettengegenstände verwahrte. Andere Schränke haben als Kabinett- und Sammlungsmöbel gedient, was etwa an prächtigen Glastüren und spezieller Inneneinrichtung ablesbar ist: Ein dem abgebildeten Möbel (Abb. 66) sehr ähnliches Stück war mit Innenverspiegelung und Konsolen als Miniatur-Porzellankabinett vorgesehen.

Der Schreibschrank war so beliebt und uneingeschränkt gesellschaftsfähig, daß er – nicht nur in Dresden – auch eine Reihe von anderen Funktionen erfüllen konnte, die zuweilen (und gewiß nicht unbeabsichtigt) überraschend gewirkt haben mögen. In der Fasanerie bei Moritzburg ist eine Tür in Form einer Schreibschrankfassade erhalten, und ein Lübecker Beispiel birgt eine Hausorgel. In Einzelfällen ist er auch, als Innenarchitektur, fest in die Wandvertäfelung eingelassen (Zürich, Ottobeuren).

Umgekehrt findet sich – im spielerischen und überraschungsliebenden 18. Jahrhundert – die Schreibfunktion an und in Möbeln, die es nicht erwarten lassen. In Böhmen ist die Kombination von Betstuhl und Schreibpult gelungen, in Salzburg ähnelt ein Schreibtisch einem Orgelspieltisch mit mehreren Manualen, in Linz einem Kirchenaltar, und in Luzern gibt es einen Aufsatz-Schreibtisch, dessen Knieloch und Schubladen hinter Türen verborgen liegen und der im geschlossenen Zustand wie ein Büffet aussieht (Abb. 68).

Arbeitsmäßiges Schreiben erlauben dagegen, wie andernorts so auch in Dresden, die speziell dafür erdachten Tische, die dem Typ des in Frankreich entwickelten *bureau plat* oder dem *bureau de pente* folgen (Abb. 69, 70) oder dem mit praktischem Sinn in England erdachten Klapp- oder Reiseschreibtisch, dessen Platte auf ausschwenkbaren Beinen, den englischen *gate legs*, ruht.

67 Erfurter Schreibschrank. Um 1760/70
Coburg, Kunstsammlungen der Veste
Der thüringische Schreibschrank, mit seinen beschrifteten Galanterie- und Jagdszenen ein moralisierendes Möbel, ist gewissermaßen die deutsche Entsprechung zum secrétaire violonné; wie eine Balustervase ist er mit Schwellungen und Einziehungen durchgeformt. Die kleine Pultklappe scheint nur noch ein pro-forma-Zugeständnis an den Möbeltyp zu sein. Ähnlich geformte Schränke existieren auch in Potsdam, Dresden, Schleswig und Dänemark (M. Ortmann).

68 Büffet-Schreibtisch. Luzern oder Beromünster, um 1740
Zürich, Schweizerisches Landesmuseum
Das vorwiegend auf die dekorative Wirkung des Maserbildes abgestimmte Furnier von Nußbaum, Ulme, Ahorn, Zwetschge und Palisanderholz überzieht ein ungewöhnliches Schreibmöbel, dessen drei untere Türen Schubläden und Fußraum schließen, während die Aufsatzschubladen vor einer mit bandelwerkgerahmten, figürlichen Motiven geschmückten und mit Schnitzwerk umspielten Rückwand erscheinen.

Der Schreibschrank mit seinen vielartigen und austauschbaren Funktionen ist der wirkliche Nachfahre des Kabinettschrankes des voraufgegangenen Jahrhunderts. In Einzelfällen kann er zu überwältigenden Raumplastiken geraten, zur möbelgewordenen Imponiergeste ausholen. Während die französischen Möbel kokett auf Rehbeinen daherstelzen wie die höfische Gesellschaft beim Menuett und ihre ausladenden Bewegungen über die C-Schwünge der Beine verschämt unter den Schwerpunkt zurückführen, läßt sich Dänemarks König Christian IV.

69 Schreibtisch in Form eines frühen, achtbeinigen bureau plat.
Dresden, Johann Christoph Schwartze (?), 1720/30
Dresden, Staatliche Kunstsammlungen, Museum für Kunsthandwerk
Vor dem starken englischen Einfluß im sächsischen Möbelbau kannte man auch die französischen Möbeltypen der Barockzeit und hat sie erfolgreich assimiliert.

70 Arbeitspulttische. Dresden, Johann Grahl?, um 1730–1740
Dresden, Staatliche Kunstsammlungen, Museum für Kunsthandwerk
Dieses Möbel, nach G. Haase aus dem Oberbauamt Dresden stammend, »deßen sich die Herren Bau Meister zum Zeichnen« bedienten, verrät die Kenntnis des französischen bureau à dos d'âne oder ist eine zweckgebundene Entwicklung aus dem englischen bureau. Seltenes Beispiel für die Anpassung von Möbeltypen an die Bedürfnisse der Arbeit in einem Großraumbüro.

für Schloß Rosenborg eine gewaltige »machine« bauen, die nach ihrem Gestaltungsprinzip nur mit süddeutschen Möbeln etwa eines Mattern vergleichbar scheint (Abb. 71).

Auf Wasserfontänen aus den Mäulern von vier Delphinen tanzen Kugeln, auf denen der vielfach geschweifte und verkröpfte profilierte Tischkasten ruht. Über ihm erhebt sich ein gewaltiger Schrankkasten mit Schüben, mittlerer Tür und schräggestellten Flankenpilastern, die in eine gestaffelte architektonische Attikazone überleiten. Das Möbel ist übersät mit einem noch barocken allegorischen Figurenprogramm

71 Schreibschrank Christians VI. von Dänemark
Kopenhagen, Dietrich Schäffer, 1732
Rosenborg, Den Danske Kongers Kronologiske Samling
Die gewaltige Schreibmöbelarchitektur ist von süddeutschen Vorbildern – etwa eines Mattern (vgl. Abb. 55) – abhängig: Der Kunstschreiner Schäffer ist deutscher Abstammung, und die Vermittlung mag über die Gemahlin des Königs, Sophie Magdalena von Kulmbach-Bayreuth, zustande gekommen sein. In der Auffassung ist dies ein barockes Möbel, das mit der gebauten Architektur wetteifert zu einer Zeit, da in Frankreich das Rokokomöbel aus der Taufe gehoben wird.

72 Das Neuwieder Kabinett, Schreibschrank für Friedrich Wilhelm II. von Preußen als Kronprinz. David Roentgen, Neuwied, 1779
Berlin, Staatliche Museen, Kunstgewerbemuseum Schloß Köpenick
Ein Möbel als Programm und Symbol des Staates: Unter der Herrschaft der Zeit, präsent durch die Uhr, regieren nach außen die Sieben Freien Künste und Wissenschaften, die in den Marketeriebildern dargestellt sind; nach innen wirkt ein maschinenhaft kompliziertes ineinandergreifendes System von Mechanismen, die alle wichtigen Funktionen von Sichern und Aufbewahren (Tresore), Sammeln und Repräsentieren (Kabinette), Absondern und Geheimhalten (Sekretär, Geheimfächer) und Schreiben und Verordnen ermöglichen durch Schreib- und Stehpult.

und einem Porträt des frömmelnden Herrschers, der inmitten eroberter Kriegsfahnen von einer Viktoria gekrönt wird. Seine Gemahlin Sophie Magdalene von Kulmbach-Bayreuth mag den Import des ausführenden Meisters Dietrich Schäffer aus Thüringen bewirkt haben. Wegen seiner pompösen Urgewalt sei hier zum Vergleich – als Vorgriff auf das Werk David Roentgens in Neuwied – der Schreibschrank für den Prinzen von Preußen, den späteren König Friedrich Wilhelm II. vorgestellt. Das *Neuwieder Kabinett* (Abb. 72), 1779 nach Berlin geliefert – ein ähnliches Möbel existiert in Wien, ein drittes wurde nach Paris geliefert –, hält sich trotz klassizistischer architektonischer Gestaltungsmittel – gerade Flächen, Pilaster und Säulen, reich profilierte Sockel- und Gebälkzonen sowie antikisierende Ornamentformen – an die kanonisierte Grundform des Schreibschranks. Die Außenseiten schmückt ein kompliziertes und umfassendes Programm in aufwendiger Bildmarketerie: sieben Freie Künste und Wissenschaften unter der Oberhoheit der Zeit, die an dem von Chronos gehaltenen Zifferblatt der im überkuppelten Aufbaupavillon eingebauten Uhr abgelesen werden kann. Aufwendiger fast als die Außendekoration ist die mechanische Einrichtung, die die Komplexität einer Maschine erreicht. Sie bewegt eine Vielzahl von Geheimfächern, versenkt Geldschatullen, Brieffächer und Medaillenkabinette, macht ein Stehpult zugänglich und treibt ein Glockenspiel sowie ein Flöten- und Klavierwerk an, die zusammen zehn Melodien beherrschen. Hier ist, wie auch im Schrank des dänischen Königs, der Gipfel einer Entwicklung erreicht: das Schreibmöbel als Symbol von Macht, Bildung, Vermögen und Persönlichkeit seines Besitzers, das Möbel als Darstellung der allumfassenden Aspekte von Herrschaft. Daß dafür die Form eines Funktionsmöbels gewählt wird, mag an der hohen Bedeutung liegen, die fürstlichem Schreiben gemeinhin zukommt. Mit seinen schriftlichen Verordnungen und Unterschriften lenkt der Monarch die Geschicke des Staates, entscheidet über Wohl und Wehe, über Leben und Tod. So sind diese Möbel nicht *für* das Schreiben gemacht, sondern letztlich Hymnen und lobrednerische oder wohlwollend ermahnende Kommentare *auf* das Schreiben des Souveräns. Denn aus zahlreichen Abbildungen wissen wir, daß ihm für wirkliche Schreibarbeiten daneben andere, funktionale Möbel gedient haben. Und gerade für den berühmten Vorgänger des stolzen Besitzers dieses *Neuwieder Kabinetts,* Friedrich II. den Großen, sind die für Deutschland eigenartigsten und prächtigsten wirklichen Schreibtische gefertigt worden, obwohl in Berlin ein schon antiquierter Schreibschrank als Meisterstück vorgeschrieben war.

Nachdem Preußen unter dem Soldatenkönig Friedrich Wilhelm I. (1713–1740) eine künstlerisch unproduktive Zeit durchlebt hatte – die meisten Künstler und Kunsthandwerker der glanzvollen Zeit des ersten preußischen Monarchen, Friedrichs I., wurden entlassen – öffneten sich die Schönen und Angewandten Künste unter dem musikliebenden Philosophen auf dem preußischen Thron (1740–1786) zur prächtigen, wenn auch kurzlebigen Blüte des friderizianischen Rokoko. Der eigenwillige Friedrich der Große las, schrieb und zeichnete viel; in jeder seiner vier Residenzen hatte er einen Bibliotheks- und Arbeitsraum, der mit zweckdienlichen Möbeln ausgestattet war. Der König bestellte zwar einen Pariser Schreibtisch (1746) mit einem *Cartonnier* und ließ solches Mobiliar auch von einheimischen Künstlern kopieren. Doch ist das eigentliche höfische Schreibmöbel des französisch sprechenden und korrespondierenden Königs letztlich nicht

73 Schreibtisch mit Schildpattfurnier und Bronzebeschlägen. Potsdam, J. M. Kambli, um 1756
Potsdam-Sanssouci, Staatliche Schlösser und Gärten
Von unerreichter Raffinesse und Eleganz sind die originellen Schreibtische des friderizianischen Rokoko. Aus den Ingredienzien des französischen Régencemöbels – S-förmig geschwungene Beine in Bronzeschuhen, »espagnolettes« und unterteilte Tischzarge, Schildpattfurnier – wird ein unnachahmlich auf Zehenspitzen stehendes Schreibmöbel mit schräger Schreibfläche entwickelt.

74 Schreibtisch Friedrichs des Großen, Potsdam, Neues Palais. Potsdam, J. M. Kambli, um 1765
Potsdam, Sanssouci, Staatliche Schlösser und Gärten
Rot unterlegtes Schildpatt und ein mutiger asymmetrischer Dekor aus versilberten Bronzebeschlägen – Putten, Rocaillen, Laubgirlanden und Vergitterungen – bestimmen die Wirkung des außergewöhnlichen Schreibmöbels mit schräger Schreibplatte und einer zur Schauseite ausgedehnten Zargenerweiterung: als Möbeltyp einzigartig in der Kunstgeschichte.

französisch, sondern eine eigenständige berlinische Leistung: Es sind Tische mit – häufig – schräger, überstehender Schreibplatte und einer reich verzierten, manchmal an der Schauseite tief herabgezogenen Tischzarge. Der König hatte schon in Rheinsberg versilberte Beschläge und Marketerien geliebt; von seinen Hofebenisten, den Gebrüdern Spindler und Johann Melchior Kambli bekommt er Möbel, die in Grundform, Art und Gestaltung von Beschlag und Furnier nicht ihresgleichen haben (Abb. 73). Leider sind wir heute der Möglichkeit beraubt, diese Möbel so zu sehen, wie sie eigentlich zur richtigen Beurteilung gesehen werden müssen: in ihrem Raumzusammenhang. Georg W. von Knobelsdorff und Johann August Nahl hatten Räume von überwältigender ästhetischer Gesamtwirkung entworfen, in denen die von den Brüdern Hoppenhaupt ausgeführten Schnitzmöbel häufig integrale Bestandteile der künstlerischen Komposition der Wände wa-

75 Schreibtisch für Friedrich den Großen. Potsdam, Johann Friedrich oder Heinrich Wilhelm Spindler, um 1765
Potsdam-Sanssouci, Staatliche Schlösser und Gärten
Schreibtisch mit Jagdszenen, furniert in Ahorn-, Birke- und Ebenholz. Versilberte Bronzebeschläge in Form von Eichhörnchen – an Stelle der Espagnoletten –, Bandelwerk, Rocaillen und Blatt- sowie Blütenranken und Stoffbahnen.

ren. Auch die Schreibmöbel – seit 1746 stellte Melchior Kambli solche mit Schildpatt, Zedernholz und aufwendigen Bronzen her – müssen in ihrer Einseitigkeit, die dem Benutzer des auf schlanken Beinen tänzelnden Möbels ein anderes Gesicht zeigen als dem Besucher, in solchen Raumzusammenhängen gesehen werden (Abb. 74). Denn es sind zwar prachtvolle, aber durch kleines Format und Einbindung in das übergeordnete Dekorationsschema keine prunkenden Repräsentations- oder Staatsmöbel, wie das zur gleichen Zeit verfertigte gewaltige *bureau du roi* Ludwigs XV. in Versailles. Es sind zierliche und doch funktionale Möbel, die sich der Innenarchitektur an ihrem vorgesehenen Platz einfügen, sich dem architektonischen Raumgefüge unterordnen wie in der Bibliothek von Sanssouci, wo für Sitzplatz und Schreibtisch eine eigens dafür vorgesehene Nische eingerichtet wurde (Abb. 75). Die starken Kräfte des preußischen Rokoko, verkörpert in den Vorlagen von Knobelsdorff, Nahl und Hoppenhaupt, hatten sogar vermocht, einen starken süddeutschen Stilimport zu übertönen. Die Gebrüder Spindler, Hofebenisten von Wilhelmine, der Lieblingsschwester Friedrichs des Großen in Bayreuth, waren mit ihrem französisch geprägten fränkischen Möbelstil schon vor dem Tode Markgraf Friedrichs des »Vielgeliebten« nach Berlin abgeworben worden. Im Mobiliar, das sie in der Folge für die preußischen Residenzen schufen, brachten sie ihre Erfahrungen in das homogene Phänomen des friderizianischen Stils ein.

Der Tod Friedrichs beendete eine Epoche. Längst hatte allenthalben der Klassizismus – den der Preuße ablehnte – Einzug gehalten. Der Thronfolger Friedrich Wilhelm II. ließ durch seinen Architekten von Erdmannsdorff umgehend verschiedene Räume der Schlösser, darunter das Wohn- und Schlafzimmer Friedrichs in Sanssouci, im neuen Stil umgestalten. An Möbeln schaffte er an, was damals zum Renommiertesten auf diesem Gebiet gehörte: Arbeiten von David Roentgen, die zwischen Paris und St. Petersburg zu den begehrtesten Kabinettstükken gehörten, die es auf dem Kontinent gab. David Hacker, ein Schüler der Neuwieder Werkstatt, schuf in Berlin Schreibmöbel (wie den Schreibtisch mit palastartigem Aufbau im Schlößchen auf der Pfaueninsel), die bereits den internationalen Stil des hohen Klassizismus spiegeln.

Die Welfen, deren in Hannover residierende kurfürstlich-braunschweigische Linie mit Georg I. Wilhelm (bis Wilhelm IV.) für 123 Jahre den britischen Thron erbte (1714), hatten seit der Regentschaft der Kurfürstin Sophie Stuart, einer Enkelin James I., eine starke Verbindung mit England. Seit der Anwartschaft der Kurfürstin auf die drei englischen Kronen (1701) wurde aus Schloß Herrenhausen ein »Klein Engeland«, und zweifellos darf von hier aus eine prägende Kenntnisnahme von englischem Mobiliar der Epoche Wilhelms III. von Oranien, des Großvetters von Sophie, und Königin Anne auch für die verwandten welfischen Höfe angenommen werden, deren wichtigster in Wolfenbüttel und seit 1753 in Braunschweig residierte. Denn aus diesem Herzogtum ist eine bedeutende Möbelkultur überliefert, die in Pultsekretären und Schreibschränken englische Einflüsse nicht verleugnet, auch wenn sie stärker als in Dresden durch (süd-)deutsche Elemente überlagert sein können. So hat sich im Besitz des Prinzen von Hannover und Herzogs von Braunschweig und Lüneburg ein lackiertes Schreibpult erhalten (Abb. 76), das alle Eigenschaften des gleichzeitigen lackierten englischen Schreibmöbels besitzt.

76 Lackierter Pultschreibtisch. Braunschweig, um 1720
Wolfenbüttel, Schloß. Im Besitz S. K. H. des Prinzen von Hannover
Schräge Pultklappe mit Schiebestützen, Kommodenunterbau mit Truhenbeschlägen und »bracket feet« – ein Möbel, das dem englischen bureau sehr ähnlich ist. Über rotem Lackgrund bemalt mit phantasievoll nachempfundenen fernöstlichen Szenen, wobei Schreibklappe und Schubladenfronten die Bildformate vorgeben.

In dem monumentalen Schreibschrank Herzog August Wilhelms, der 1714–1731 regierte (Abb. 77), mischen sich der Typus des englischen Schreibschranks mit der Tradition des deutschen Pult-Kastentisches mit Aufsatz. Die vier schweren, über Eck gestellten und wie durch kräftige Stauchung verkürzten Beinpaare weisen zum einen auf die kurzbeinigen Kabinett- und Kastenschreibtische zurück, die seit der

77 Schreibschrank Herzog August Wilhelms von Braunschweig
Braunschweig, um 1720/30
Braunschweig, Herzog Anton Ulrich-Museum
Das Erscheinungsbild des in seiner schweren Architektonisierung noch ganz barocken Nußbaum-Schreibschrankes mit der großen Tabernakeltür des Aufsatzes wird von Furniereinlagen aus Elfenbein, Messing und Schildpatt geprägt. Zu der in der Entstehungszeit bereits altertümlichen Wirkung dürfte die Inkrustation von neunzehn italienischen Landschaftsbildern des 17. Jahrhunderts aus Halbedelsteinmosaik, »commessi di pietre dure« oder »pietra dura« beigetragen haben.

78 Braunschweiger Schreibschrank. Mitte des 18. Jahrhunderts
Wiesbaden, Kunsthandel Keul
Wegen charakteristischer Bandelwerk- und Elfenbeineinlagen, breiter Furnierrahmungen und einer häufig bis zu den Möbelseiten ausgreifenden Schreibklappe werden eine Reihe von Schreibschränken ins Braunschweigische lokalisiert, wo die höfisch geprägte Möbelkunst durch Neueinrichtungen von Schlössern der dortigen Herzöge zu neuer Blüte kam.

Jahrhundertwende in Franken (S. Brickard), aber auch in Baden oder Fulda (J. Arend) entstanden sein können. Zum anderen mögen sie Formrudiment des englischen *bureau on stand* sein, dessen Tischgestell ebenfalls zugunsten von immer mehr Schubladen immer kürzere Beine bekam. Das prächtige Ausstattungsstück für das Braunschweiger Stadtschloß ist, außer mit Einlagen aus Messing, Elfenbein und Schildpatt, mit älteren, prächtigen fürstlichen Souvenirs aus Italien geschmückt: neunzehn Bildplatten aus Halbedelstein-Mosaik *(commessi di pietre dure)*, die seit dem 16. Jahrhundert in Florenz *(opificio di pietre dure)* hergestellt und auch in großem Stil exportiert wurden. Schon Ludwig XIV. hatte *pietra dura* geliebt, die ihm von seinem Florentiner Hofkünstler Domenico Cucci in den Gobelins hergestellt wurde.

Wegen charakteristischer Bandelwerk-Intarsien und breitgerahmten Furnierspiegeln wird eine Reihe von Schreibschränken mit breit ausladender Schreibklappe und dezenten architektonischen Details (Pilaster, Sprenggiebel) nach Braunschweig lokalisiert (Abb. 78). Einige davon haben niederländisch anmutende gedrückte Kugelfüße und, nach englischem Muster, herausziehbare Stützhölzer, auf denen die Pultklappe ruht. Anders als in Mainz, Berlin oder Sachsen war hier der Schreibschrank kein Meistermöbel. Angesichts des von der Zunft geforderten Kleiderschrankes – Schreibschränke waren erst seit 1798, Sekretäre erst nach der Jahrhundertwende zugelassen – ist es nur im Zusammenhang mit der Neuausstattung der braunschweigischen Schlösser in der Mitte des Jahrhunderts unter der Inspiration der Möbelkultur der Verwandten auf dem britischen Thron zu verstehen, daß sich so viele stilistisch einheitliche Schreibmöbel erhalten haben.

Stark wirkt der englische, teilweise auch der niederländische Einfluß auf die Möbelformen der protestantisch-bürgerlichen norddeutschen Gebiete und Dänemarks. Nur in zaghaften Schweifungen, die im Friesischen zu charakteristisch blecherner Steifheit formalisiert werden können (Abb. 79), bleibt die Zugehörigkeit zur kontinentalen Kunst des Rokoko spürbar (Abb. 81, 82). Vergoldetes Schnitzwerk ahmt dabei – wie auch in anderen Fällen an deutschem Mobiliar zu beobachten – den viel teureren vergoldeten Bronzebeschlag und die Applikationen nach.

Im Klassizismus gewinnen deutsche Schreibschränke die vornehme Geradlinigkeit und die bestechende Nüchternheit großer und ebenso planer, nur durch großzügige Furniermusterungen belebter Flächen zurück, die das englische Mobiliar das ganze Jahrhundert hindurch ge-

79 Friesischer Schreibschrank. Um 1740
Bremen, Kunsthandel Neuse
Wie in dem Braunschweiger Beispiel, so steckt auch in diesem friesischen Schrank das englische bureau cabinet der frühen georgianischen Zeit. Die beliebten kleinen Plattenschübe für die Leuchter über der Schreibfläche sind von dort übernommen, ebenso wie die Ausrichtung der Dekoration auf die Wirkung des stark gemaserten Nußwurzelholzes. Die Schweifung der Schubladenfronten, ein deutsches Merkmal, gerät dagegen zu blecherner Steifheit.

kennzeichnet hatten (Abb. 80). Natürlich ist mit der Konstatierung englischen Einflusses nicht der Bestand norddeutscher Schreibmöbel umrissen: Es gibt, je nach den individuellen (Wander-)Erfahrungen einzelner Kunstschreiner und der persönlichen Vorliebe der Besteller auch Möbel, die nach Typ und Gestaltung andere, etwa holländische (in wellenförmiger Bauchung und kurviger Eckbetonung) oder französische Vorbilder spiegeln.
Auf eine sehr eigene Art verarbeitet etwa die Möbelkultur des Fürstbistums Lüttich die Anregungen des westlichen Nachbarn, wobei es seinerseits angrenzende Regionen, vor allem Aachen und die Rheinprovinzen mit dem Kölner Raum beeinflußt. Samt seiner Reliefs aus dem vollen Eichenholz geschnitzt, haftet dem Schreibmöbel dieser Herkunft immer der Charakter der Brettkonstruktion an, dem sowohl die Rocaille- als auch die Girlanden- und Symbolmotive flach vorgeblendet erscheinen (Abb. 83). Bis auf seltene und lediglich zweidimensionale Schweifungen des Kommodenkorpus bleibt das Aachen-Lütticher Möbel von planen Flächen, geraden Kanten und starren Zylinder-Pultdeckeln beherrscht; lediglich an Pultschreibtischen finden sich, in versuchter Nachahmung französischer Möbeldetails, geschwungene Möbelbeine und lambrequinartige Unterzüge. Ein Lütticher Schreibschrank löst im unteren Aufsatzteil die Rahmungen der Schubladenfronten in dynamische Wirbel auf, während die Vitrine das flache Schnitzornament der Sprossen und Bekrönungen frei vor dem Glase schwebend zeigt (Abb. 84).
Eine Besonderheit des rheinischen Vollholzmöbels scheint der Typ des Kölner *bureau plat* zu sein, der im prangenden Schmuck geschwungener Oberflächen und dynamisch geschnitzter gegenläufiger C-Schwünge an Tischblatt, Schubladenfronten, Zarge und farnblättrigen Beinen ein Prunkstück des Kölner Jesuitengymnasiums gewesen sein muß (Abb. 85). Das französische Rehhuf-Standmotiv der Beine wird dabei durch ornamentalen Eigenwillen verunklärt, der sich in einem überlappenden Blattfächer und einem untergeschobenen, von Zungen begleiteten C-Bogen ausspricht.
Erst im Klassizismus münden die unterschiedlichen Bestrebungen von höfischer Möbelkunst und gediegen bürgerlicher Gebrauchsmöbelkultur in einen vergleichsweise homogenen Stil, der, nicht zuletzt infolge ehrerbietiger Dankbarkeit mehrerer Königreiche von Napoleons Gnaden (Westfalen, Württemberg, Bayern), auf Frankreich ausgerichtet ist. Zunehmend ist es die raffiniert schlichte Form, der zurückhaltende, aber erlesene Dekor (Holzmaserungen, Girlanden, Porzellane,

80 Schreibschrank. Lübeck, letztes Viertel 18. Jahrhundert
Kiel, Kunsthandel Negelein
Strenge architektonische Form, schüchterne Integration von Bauornamentik – Viertelsäulen, Triglyphen, Gesimse und Friese – und bekränzte Medaillonbeschläge kennzeichnen das reife klassizistische norddeutsche Möbel. Englisch ist außer der Grundform die Betonung der Maserdekoration durch Pyramidenmahagoni und der an das frühe »oysterwork« erinnernde Furnierschnitt der Pultklappe.

architektonisierende Bronzen), die klassische Proportion und die mechanische Einrichtung, die das gesamteuropäische Möbel prägen.
Diese Stilstufe repräsentiert wie kein anderer einer der erfolgreichsten Möbelkünstler, die je gelebt haben: der Neuwieder Tischler, Unternehmer und Diplomat David Roentgen.
Sein Vater Abraham, ebenfalls meisterlicher Schreiner, hatte in Holland und England gelernt, von dort für die Zeit revolutionäre Techniken (Schraub- und Nagelverbindungen) und stilistische Eigenarten (*claw* and *ball-foot,* Lippenrand an Schubladen, besondere Möbelty-

81 Norddeutscher Schreibsekretär. Mitte des 18. Jahrhunderts
Borken, Kunsthandel Rodenberg
Ideenimport aus England: Nur die Verwendung von Eichenholz, Rocaillebeschlägen und die Schweifung der Schubladenfronten unterscheiden dieses Schreibmöbel vom klassischen englischen bureau (vgl. Abb. 98).

82 Dänischer Schreibschrank. Um 1750/60 ▷
Hamburg, Kunsthandel Brinkama
Die Bau- und Ausstattungstätigkeit in Kopenhagen vor der Jahrhundertmitte war gewaltig – die Stadt war durch Brand weitgehend zerstört, der König baute ein neues Schloß (Christian VI., vgl. Abb. 71). Die am Hof orientierte Möbelkunst war in voller Blüte: Aus ihr erwuchs auch das mit kostbar vergoldeten Bronze- und Schnitzzieraten akzentuierte Nußbaummöbel, für das die Dänen die Bezeichnung chatol = Schatulle verwandten.

83 Schreibschrank mit Zylinderverschluß. Eichenholz. Aachen, um 1780
Aachen, Couven-Museum
Noch nicht weit entfernt vom Rokoko ist dieser prächtige Schreibschrank, der dem Klassizismus mit geraden Kanten und einer Fülle entsprechender Ornamente – Blatt-, Perl-, Rund- und Taustäbe, Zahnschnitt und strenge Profile – huldigt. In geschnitzter Form sind Füllhörner, Blütenkränze und Musikinstrumente aufgelegt, die andernorts als Furnierbilder gestaltet worden wären.

84 Lütticher Schreibschrank. Mitte des 18. Jahrhunderts
Ehemals Berlin
Aus Schreibtisch, Schubladen- und Vitrinenaufsatz zusammengesetzt ist dieses geradflächige Prunkmöbel, dessen phantasiereiche Rocailleverzierung vorwiegend auf Tür- und Schubladenfronten sowie – freischwebend – vor dem Glas der Vitrine ausgespielt wird. Das Schnitzornament zeigt höchste Qualität.

85

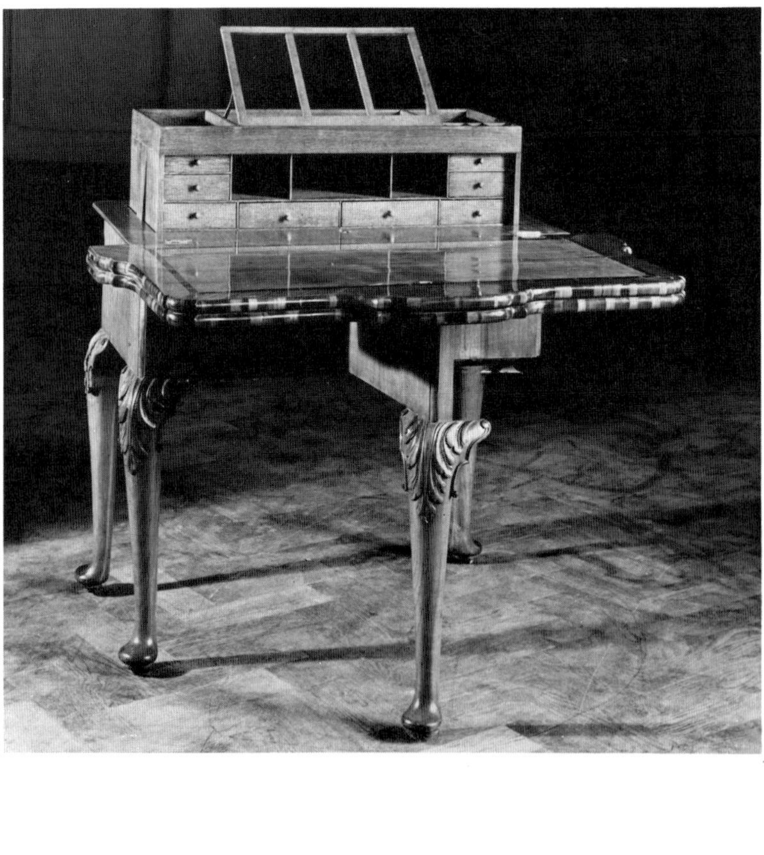

86

85 Großer Schreibtisch. Köln, um 1740/50
Köln, Stadtmuseum
Das achtbeinige Prachtmöbel – angeblich aus dem ehemaligen Kölner Jesuitengymnasium stammend – variiert, angelehnt an die Aachener Formsprache, das frühe französische bureau plat. Das massive Nußbaumholz ist überreich mit Blättern, Rocaillen, Voluten und C-Schwüngen beschnitzt.
◁

86 Verwandlungs-, Spiel- und Schreibtisch. Herrenhag, Abraham Roentgen, um 1742/45
Laubach, Schloß
Nach der Art eines später Harlequin Pembroke table genannten Möbels ist dieser kuriose Verwandlungstisch, mit klapp- und verschiebbarer Tischplatte, versenkbarer Sekretäreinheit und aus der Zarge herausklappbarem Stützbein ausgestattet, Zeugnis für die Ausbildung Roentgens in London (bis 1738).

87 Pultschreibtisch nach Art eines französischen bureau de pente
Neuwied, Abraham Roentgen, um 1765
Wächtersbach, Kunsthandel von Mitzlaff
Ein bureau im »französischen goût«, aber in den eleganten Schwingungen von Umriß und Fläche, in den geradlinigen Einlagen unter den gebordeten Schubladen und den feinen Rocaillebeschlägen eindeutig ein Möbel aus Neuwied.

pen; Abb. 86) in seine Heimat mitgebracht und als Mitglied der freien protestantischen Brüdergemeinde der Herrnhuter in Herrnhag (ab 1740), in Neuwied (ab 1751) mit Kredithilfe seiner Freikirche eine florierende Möbelwerkstatt aufgebaut. Auf der Frankfurter Messe stellte er als »Englischer Cabinet Macher« aus, der auch nach dem »französischen goût« zu arbeiten wisse (Abb. 87, 88). Die Grafschaft Wied hatte den frommen Brüdern weitgehende Steuer- und Zunftfreiheit gewährt in dem Bemühen, ein exportintensives, also gewerbeförderndes Merkantilsystem zu unterstützen; die Herrnhuter revanchier-

88 Schreibschrank nach Art eines französischen secrétaire à abattant
Neuwied, Abraham Roentgen, um 1765/68
Wächtersbach, Kunsthandel von Mitzlaff
Sieben Blumenstilleben, gerahmt von und gelagert auf haarfeinem Rocaillegespinst, bilden den Schmuck dieses typischen Roentgen-Sekretärs, dessen gekehlte Fußzarge zwischen den Bocksfüßen zungenartig nach vorne ausschwingt. Roentgens Rocaillen sind in dieser Spätphase des Rokoko nicht mehr muschelartig kompakt, sondern fedrig in fast graphische Ornamente aufgelöst.

89 Pultschreibtisch mit Aufsatz, gefertigt für Johann Philipp von Walderdorff, Erzbischof von Trier. Neuwied, Abraham Roentgen, um 1765
Amsterdam, Rijksmuseum
Eines der prächtigsten Möbel, die Abraham Roentgen geschaffen hat: überreich mit Elfenbein, Perlmutt, Schildpatt, Messing und Silber eingelegt, mit zahllosen Marketeriebildern geschmückt und mit raffinierter Mechanik ausgestattet, die eine kaum überschaubare Zahl von offenen und geheimen Behältnissen sowie bequemen Ab- und Auflagen – einschließlich der Fußstütze – bewegt und zugänglich macht. Die Außenseite der Pultklappe ist für die Darstellung eines Thronsaales genutzt, und an der Tabernakeltür des Aufsatzes prangt das Wappen des Bestellers.

ten sich durch schon sprichwörtliche Handwerksqualität, nicht am Gewinn orientierte Preise und absolute Zuverlässigkeit in der Erfüllung von übernommenen Verpflichtungen. All dies waren Kernstücke ihrer religiösen Ethik, und die daraus erwachsende Prosperität wurde als Zeichen göttlichen Wohlgefallens gedeutet. Abraham Roentgen hatte an viele der Brüdergemeine angehörende oder ihr nahestehende Adlige und, durch deren Mundpropaganda, an fremde Hofhaltungen geliefert. Nur sie auch konnten die teuren Luxusmöbel erwerben (Abb. 89). Dieses, von Messebesuchen abgesehen, eher vom Zufall gelenkte Verkaufsglück wurde von David Roentgen, der nach seiner Lehrzeit 1772 den väterlichen Betrieb übernahm, in eine absolut mo-

90 Zylinderbureau. Neuwied, Manufaktur Roentgen (?), um 1785/90
München, Kunsthandel Böhler
Mit kostbaren klassizistischen Möbeln wie diesem mahagonifurnierten Schreibtisch belieferten Roentgen und seine Manufaktur die großen und kleinen Höfe Europas, deren Regenten sich an ihnen dem Ende der großen Zeit des Absolutismus entgegenschrieben.

derne, kapitalistische, strategisch organisierte Absatzpolitik umgewandelt (Lotterien, Werbedrucke, Messevertretung, rationelle Transporttechnik, Gründung von Filialunternehmen). Er verstand es, den guten Ruf der selbstlosen Brüder und seiner Werkstatt, die Kontakte seines Vaters zum Adel und zu Fürstenhöfen zum Erwerb wohlklingender Titel wie: *artiste ébéniste et machiniste du Prince*, Brüssel, *ébéniste mécanicien du Roi et de la Reine*, Paris und marktöffnender Mitgliedschaften, zu dem Erwerb des – teuren – Meisterrechts in Paris, 1780, zu nutzen und in bare Münze zu verwandeln. Mit zusätzlichen Nachfragevolumina aus Frankreich und dem Rußland Katharinas II. belebte sich der Geschäftsverlauf auf eine für Europa so unerhörte

91 Schreibtisch mit Aufsatz nach Art eines bureau à gradin. Neuwied, David Roentgen, um 1790/95
Kassel, Schloß Wilhelmshöhe
Noch eleganter als das Zylinderbureau ist der auf schlanken, sich verjüngenden kannelierten Beinen schwebende flache Zargenschreibtisch, das bureau plat. Der Mittelteil des gestaffelten Aufsatzes ist wie ein (verschließbarer) Portikus gestaltet, dessen toskanische Säulenordnung bei den Zeitgenossen zweifellos als Stil »à la grecque« durchgegangen ist.

Weise, daß sich die puritanische Freikirche von dem scheinbar profitgierigen potentiellen *Banqueroteur* abwandte. Aber die Möbel, die Roentgen in enger Zusammenarbeit mit Spezialisten wie dem Uhrmacher Kinzing, dem technisch höchst versierten Möbelbauer Krauß (Krause) und vielen Zulieferern im *goût grec,* im antiken Geschmack lieferte, stehen nach Qualität, künstlerischer Vollendung und überraschender Ausrüstung – durch deren Geheimnisse »innere Behältnisse sich dem Kenner selbst öffnen und vorspringen, dem Nichtkenner aber immer wie ein Rauch vor seinen Augen verschwinden« (Zitat nach Stürmer) – hoch über allem, was im übrigen Europa zünftig oder durch Hofkünstler hergestellt wurde (vergleiche Abb. 72). Bezeichnenderweise sind es immer wieder Schreibmöbel – als Sekretär, Schreibkommode, Verwandlungstisch, Pultschreibtisch, Schreibschrank, Zylinderbureau (Abb. 90, 93) und Schreibtisch (Abb. 91) –, die als das neue Äquivalent des ehemals höfischen Kabinettschranks das Zeitalter Ludwigs XV. und XVI. erobern und an die Höfe in Paris, London, Stockholm und St. Petersburg geliefert werden. Viele dieser imposanten und beherrschenden Stücke hat Roentgen auch auf der Rückseite furnieren lassen, damit sie, ihrer dekorativen und (hochbezahlten) repräsentativen Bedeutung entsprechend, frei im Raume aufgestellt werden konnten. Welche unglaublichen technischen Leistungen seine Möbel darstellen konnten, wurde schon an der Schreibarchitektur für Friedrich Wilhelm II. gezeigt; sie riefen bei allen Empfängern staunende Begeisterung hervor.

Ein einziges Unternehmen hat es, durch Unabhängigkeit von einem einzelnen Herrscherhaus, durch Zunftfreiheit und geniale Leistungen seiner selbständigen und hochspezialisierten Leiter und Mitarbeiter vermocht, einer ganzen Epoche, dem Klassizismus, seinen Stempel aufzudrücken. Bis zum Zusammenbruch des Luxusgewerbes im Gefolge der Französischen Revolution und der napoleonischen Feldzüge war die Möbelkunst David Roentgens – mit den Ingredienzen der französischen Eleganz, der kompromißlos klassischen und puristischen Formen- und Ornamentsprache, der perfekten mechanischen Präzision und wahrhaft internationaler, ausgewogener Proportion – ein europäischer Möbelstil, der durch seine Einheitlichkeit und die Prinzipien seiner Herausbildung (Unternehmerinitiative, freie Konzentration der besten Entwerfer- und Technikerkapazitäten, moderne Finanzierungsmethoden) in mehr als einer Hinsicht für das maßgebend war, was die Möbelproduktion des folgenden Jahrhunderts in ihren besten Beispielen charakterisiert.

92 Nierenförmiger Schreibtisch. Stuttgart, Johann Klinkerfuß, um 1800 Ludwigsburg, Schloß
Ovale Tischchen hatte es schon jahrzehntelang gegeben, einen nierenförmigen Schreibtisch hat sich erst Sheraton einfallen lassen. An Qualität und Gestaltung der Details merkt man, daß Klinkerfuß einmal in David Roentgens Werkstatt gearbeitet hat.

Von welchem gestalterischen Qualitätsstandard die deutschen Möbelkünstler in diese neue Epoche hineingehen, sei an zwei letzten Beispielen verdeutlicht. Aus dem beliebten französischen ovalen Arbeitstischchen des Louis XVI., etwa eines Nicolas Petit, das auch von David Roentgen in vielen Varianten hergestellt wurde – ein Beispiel befindet sich im Rijksmuseum Amsterdam – entwickelt Johann Klinkerfuß durch einseitige Einziehung einen Nierentisch, dessen Oberfläche einschließlich der schräg aufstellbaren Lese- und Schreibfläche dem daran Sitzenden einen wahrhaft modernen – wenn auch wohl nicht unter diesem Aspekt konzipierten – leibzentrierten Sicht- und Greifraum zur Verfügung stellt (Abb. 92). Schlichte Profile, Triglyphen und Rosetten sind der sparsame antikisierende Dekor, der die vornehme Zurückhaltung und die formale Extravaganz des Tisches noch unterstreicht. Mehr als hundert Jahre später wird sich Joseph Olbrich dieser

93 Zylinderbureau. Neuwied, David Roentgen, um 1770/75
Privatbesitz
An der Schwelle zum Klassizismus: Kaum noch zu merken ist die Schwingung der Türen des Unterbaues; die Schublade darüber und die Deckfläche über dem Viertelzylinder sind geradlinig schlicht. Fußform und Proportion zeigen, daß man sich in Neuwied wieder am englischen bureau orientiert hat, und genauere Kenntnis offenbart, daß die kostbare Chinoiserie des Zylinders nur scheinbar eine Einzelanfertigung ist: Die Marketerie ist ein rationelles Kleinserienprodukt, das identisch an anderen Möbeln auftaucht (so in den Museen von Boston und New York).

94 Norddeutscher Sekretär. Um 1800
Hannover, Kestner-Museum
Französische und englische Einflüsse mischen sich auf dekorative, ja bildhafte Weise an diesem architektonisch aufgefaßten, höchst qualitätvollen Mahagonisekretär.

Kriterien erinnern und einen ganz ähnlichen Schreibtisch entwerfen (vergleiche Abb. 154).
Auf sechs vergleichbaren Füßen steht ein norddeutscher Sekretär (Abb. 94), der trotz der babylonischen Verwirrung seines Ornamentvokabulars (toskanische Kapitelle auf korinthischen Säulen, ionischer Zahnschnittfries, dorische Architekturdetails, alles gekrönt von einer chinoisen Altanbrüstung) einen eleganten architektonischen Prospekt bietet durch die mit kurvigen Einziehungen zurückgesetzten Seitenflügel. Dieses Motiv findet sich an klassizistischen französischen Konsoltischen und Sekretären (mit offenen seitlichen Kompartimenten von Martin Carlin) und wird dort häufig mit dem Attribut *à l'anglaise* (auf englische Art) geschmückt, wobei der Bezug zu England zunächst nicht eindeutig nachvollziehbar scheint. Zwar zeigt das deutsche Sekretärschränkchen mit Lippenrändern von Schubläden und Klappen

Verarbeitungsmerkmale englischer Möbel. Konkave Kurvatur der Ekken findet sich samt den auffälligen Flächenrahmungen, den Konsolornamenten der Füße und der fremdartigen Dachgalerie an *library tables* und *Chinese chairs* von Thomas Chippendale. Daß der Gesamteindruck des Sekretärs aber doch eher französisch bleibt, spricht für die vielfach eklektische Haltung der deutschen Möbelhersteller. In einem weiter gefaßten Sinne wird diese unschöpferische Aneignung von Stilformen im Gefolge politischer Anpassung (Empire) und als Folge von international konkurrenzorientierter Unternehmerhaltung (Weltausstellungen seit 1851) ein wesentlicher Charakterzug der Schreibmöbelkultur des 19. Jahrhunderts sein.

An Dresdener und norddeutschen Beispielen war erkennbar, wie stark während des ganzen Jahrhunderts der Einfluß des englischen Möbels auf dem Kontinent sein konnte. Zweifellos hing dies mit der politischen Weltgeltung Englands seit dem Ausgang des spanischen Erbfolgekrieges zusammen und mit der bürgerlich-gemäßigten Möbelkultur eines nichtkatholischen Landes ohne ausgeprägten Hofstil: Die Epochenbenennungen nach den Monarchen von Queen Anne bis Victoria bezeichnen eher Zeiträume als charakteristische Merkmale. Europäischen Ländern mit wesensverwandter Sozialstruktur mag der einerseits bürgerliche und schlichte, andererseits doch edle und fürstliche Charakter englischer Möbel zugesagt haben, die zusätzliche Farbe durch Stileinflüsse fernster Kolonien und Handelspartner bekamen, ja bisweilen sogar dort hergestellt sein konnten, wie etwa die Lackschreibschränke. Ein weiterer beeindruckender Zug englischer Möbel konnte die – bei einer seefahrenden Nation nicht sehr verwunderlich – kompromißlose Abstimmung des Möbels auf seinen praktischen Verwendungszweck sein: Das National Maritime Museum in London verwahrt die Kommode eines Seeoffiziers, die gleichzeitig als Schreibmöbel, Wasch- und Toilettentisch sowie als Schrank dient; selbst die ringförmigen Ladenbeschläge entbehrten nicht des Sinns: Bei Seegang konnte ein hindurchgezogenes Seil Möbel und Inhalt erfolgreich sichern. Welches Land hätte sich einen Schreibstuhl *(cock-fighting chair)* einfallen lassen, auf dem man rittlings sitzt, aus dessen gepolsterten Armstützen und Zarge sich Schubladen öffnen lassen, um Papier, Feder und Tinte zur Verfügung zu stellen, damit man auf der schrägen Fläche an der Lehne schreiben konnte (Abb. 95)? Oder die Neuauflage des gueridonartigen einfüßigen Schreibpultes, das wir von den schreibenden Mönchen des Mittelalters kennen (Abb. 96; vergleiche

95 Schreib- und Lesestuhl, library reading chair. England, um 1720
London, Victoria & Albert Museum
Dem vielzitierten englischen Sinn für praktische Dinge scheint dieser Schreibstuhl zu entspringen, auf dem man rittlings sitzend und mit aufgestützten Ellbogen schreibt. Typisch für die englischen Möbel der Zeit sind die »cabriole legs« mit den stilisierten »claw-and-ball-Füßen«.

96 Einfüßiges Schreibpult. England, Mitte des 18. Jahrhunderts
Düsseldorf, Kunsthandel Heyduck
Ein sehr englisches Schreibmöbel, das das aus dem 16. und 17. Jahrhundert bekannte Tischaufsatzpult, den table desk, auf eine gefußte Mittelstütze setzt, wie wir es schon aus dem Mittelalter kennen.

Abb. 5)? 1803 taucht der Schreibstuhl bei Sheraton *(the cabinet directory)* wieder auf, dann hat auch Frankreich sich von diesem seltsamen Möbel überzeugen lassen (vergleiche Abb. 114). Das Auffällige und Typische an diesem Möbel der Epoche des ersten Hannoverschen Königs Georg I. sind die durch ein seltsames, an Klempnerarbeit erinnerndes Gestänge verbundenen *cabriole legs,* deren Form aus dem Tatzen- oder Klauenfuß entwickelt ist und die auch an frühen Dresdener und Neuwieder Möbeln anzutreffen sind. Auf solchen Beinen steht

97 Bureau on stand. Nußwurzelholz (burr walnut). England, um 1725
London, Sotheby's
Ein sehr kleines Pult-Schreibmöbel, das auf hohen »cabriole legs« einherschreitet und dem man eine Patenschaft zu dem – später entstandenen – französischen bureau de pente oder à dos d'âne nicht absprechen kann.

98 Kneehole desk. Mahagoni. England, um 1750
Düsseldorf, Kunsthandel Paashaus
Ein kleines Schubladenmöbel mit einem Rücksprung für die Knie, dessen Schreibfläche unter der Deckplatte herausgezogen werden kann und das auch oft als Toilettentisch – dressing table – Verwendung fand. Auffallend die Form der gesägten Sockelzarge, die sich häufig in Entwürfen von Chippendale findet.

wie auf einem Tisch auch das *bureau on stand,* ein gewichtiger, mit Schubladen versehener Schreibkasten mit schrägem Pultdeckel, der, herabgeklappt, die Schreibfläche vergrößert und die Inneneinrichtung aus geschlossenen *drawers* und offenen Fächern, *shelves, pigeon holes,* freigibt (Abb. 97).

Diese Sonderformen variieren ältere englische Möbelerfindungen: Schon im 16. Jahrhundert gab es einen zwischen den Funktionen von Tisch und Stuhl oszillierenden Zwitter, und der Schreibkasten auf dem Tisch(gestell) samt seiner später in einer konstruktiven Einheit zusammengefaßten Funktionen datiert ebenfalls aus dieser frühen Zeit, wie oben angedeutet wurde (vergleiche Abb. 35).

Aus solchen Wurzeln entwickelt sich sehr konsequent das englische Schreibmöbel in die Richtungen von Schreibpult, *bureau,* (Abb. 99), Schreibkommode, *kneehole desk,* und Schreibschrank, *bureau-cabinet.* Alle sind letztlich aus denselben Einzelformen zusammengesetzt: kommodenartiger Unterbau, bisweilen durch Rücksprung für die Knie in zwei Schubladenpfeiler gegliedert (Abb. 98), Pultaufsatz mit schräger Schreibklappe oder, zugunsten rechtwinkliger Möbelform, mit herausziehbarer Platte oder Schreiblade, *writing drawer,* und weniger tiefem, bisweilen verglastem Aufsatz und häufig mit aufwendigem Schmuckgiebel (Abb. 101). Die Linien und Flächen der englischen Möbel bleiben gerade und plan; Ausnahmen, serpentine front, werden höchst selten, etwa durch deutsche oder französische Einflüsse, provoziert. Ein Beispiel befindet sich im Victoria & Albert Museum in London. Schmuckmotive werden im wesentlichen der Architektur entlehnt: kannelierte Pilaster mit Basis und Kapitell, verkröpfte Gesimse, Sprenggiebel mit Voluten und Schmuckvasen. Lediglich die Beschläge lassen Rückschlüsse auf die Entstehungszeit zu. Eine eher untergeordnete Rolle spielt im England des 18. Jahrhunderts figürliche oder ornamentale Marketerie; fast immer bestimmt das überaus geschickt gewählte und komponierte Bild der jeweiligen Holzmaserung die Dekoration. Sie stammt seit spätestens 1720 in großem Umfang vom westindischen Mahagoniholz, dessen weicher und warmer, rotbrauner Ton heute zum Inbegriff der Farbe antiker englischer Möbel geworden ist. Zum anderen ist es, mit bis zur Jahrhundertmitte abnehmender Tendenz, das Holz des (Wal-)Nußbaumes aus England, Italien oder Virginia, dessen lebhafter Zeichnung erstaunliche Mustereffekte abgewonnen wurde *(figured walnut).* Ihm gesellt sich in Flächen, Friesen oder Ornamenten das gefleckte Maulbeerholz, *mulberry,* hinzu in seiner fahlgelben oder graubraunen Tonalität und mit sei-

99 Bureau. Nußbaum. England, frühes 18. Jahrhundert
Düsseldorf, Kunsthandel Heyduck
Aus der William-and-Mary-Periode – England und Holland wurden bis 1702 in Personalunion regiert – oder der frühen Queen-Anne-Zeit stammend, ist das bureau das bis heute beliebteste und ästhetisch dauerhafteste historische Schreibmöbel geblieben. An diesem hervorragenden Stück ist vor allem die Patina – die leicht ausgebleichte Holzfarbe und die Gebrauchsspuren – bemerkenswert.

100 Schreibkommode. England oder Kolonialreich, um 1800 ▷
Kiel, Kunsthandel Negelein
Ein typisch englisches, kleines Schreib- und Aufbewahrungsmöbel, das auf Schiffen oder während längerer Reisen Verwendung gefunden haben dürfte.

nem unruhigen Maserbild, das einer Vorliebe der englischen Schreiner seit dem 17. Jahrhundert entsprochen zu haben scheint. Auch das Wurzel-Nußholz, *burr walnut,* gehört zu dieser Leidenschaft, ebenso wie die schon angesprochene musterartige Furnieranordnung von Astquerschnitten des Nußholzes, *oyster work,* oder die feinstgliedrige *seaweed marquetry,* deren Höhepunkt bereits im vorangegangenen Jahrhundert erreicht war.

Von allergrößter Bedeutung für englischen Möbelbau und Ästhetik wurde das Mahagoniholz der englischen westindischen Kolonien, Jamaica, Barbados, Antigua und anderer Inseln, als 1725 der Einfuhrzoll aufgehoben wurde. Das Holz hatte in Farbe und Maserung begeisternde Vorzüge, es war biegestabil, dicht und doch leicht zu bearbeiten, schrumpfungsarm, schädlingsresistent und preiswert in immenser Quantität und in so großen Ausmaßen zu beziehen, daß gewaltige Flächen von Tischplatten und Möbelfronten in zusammenhängendem Maserbild möglich wurden. Anders als im kleinformatigen Nußholz konnten schlanke, aber doch sehr stabile *cabriole legs* und andere leichte Beine aus dem vollen Holz geschnitten werden; viele Schmuckformen wurden möglich, ohne an kompliziertes Furnieren denken zu müssen.

Mit den Importen der ostindischen Kompanien waren auch Lackarbeiten ins Land gekommen und bald nachgeahmt oder in den Ursprungsländern in Auftrag gegeben worden: Das englische Schreibmöbel zog sich gelegentlich einen zierlich bemalten Lackmantel an. Ein weniger beachteter Import waren ostasiatische Sockel- und Möbelfußformen; so hielten sich englische Sekretäre und Schreibschränke auf einfachen klotzigen chinesischen Stollenfüßen, auf japanischen ausgeschnittenen Sockelzargen oder auf ausladenden Fußkonsolen, die den Sockeln wertvoller chinesischer Vasen nachempfunden zu sein schienen.

Der aus spanisch-niederländischer Tradition stammende *scriptor* (vergleiche Abb. 36, 37) hat eine kurzfristige Nachfolge im *fall front writing cabinet (scrutoire, scriptoire)* mit kommodenartigem Unterbau oder im Kommodenschrank, *tall boy,* mit Schreiblade gefunden, deren Vorderwand abklappbar war, *tall boy secretaire;* als massiges, wenig elegantes Möbel tritt es jedoch bald den Rückzug aus englischen Interieurs an. Einen daraus logisch zu entwickelnden englischen Schreibsekretär mit aus der Schrankfront herausklappbarer Schreibklappe hat es nicht gegeben. Erst am Ende des Jahrhunderts hat ihn Sheraton, als Rückimport aus Frankreich, in sein »Drawing book« (1791) aufgenommen.

101 Bureau-cabinet, Pultschreibtisch mit verglastem Aufsatz. Nußbaum mit Einlagen aus anderen Hölzern. London, Samuel Bennett, um 1720
London, Victoria & Albert Museum

Signierte Möbel – auch so qualitätvolle wie dieser Schreibschrank mit Partien von »seaweed marquetry« (feingliedriger Bandelwerk-Marketerie) am Aufsatz – gehören zu den Seltenheiten in England. Hier hat der Meister dieses klassischen und auf dem Kontinent höchst einflußreichen Möbels (Dresden, Mainz, Norddeutschland) seinen Namen auf die Innenseite der Aufsatztür intarsiert.

Es ist unklar, aus welchen Gründen dieser Entwicklungsgang zugunsten des *bureau* (Abb. 99), der Kombination aus Tischpult und Kommode, abgebrochen wurde; wichtig ist, daß hiermit das typische englische Schreibmöbel dieses und des folgenden Jahrhunderts geschaffen wurde. An frühen Beispielen sind aus gestalterischen Merkmalen die ursprünglich einzelnen Teile – Kommode, *chest of drawers* und Pultaufsatz – klar zu erkennen, eine Formlösung, die im späten Klassizismus nur noch durch die Einkreuzung des französischen Rollpultes, *cylinder* oder *tambour desk,* eine elegante Überhöhung erfährt (Abb. 102, 103).
Eine neue, spezifisch englische Schreibmöbelform ist der imposante, wuchtige *library table,* der Bibliothekstisch, den Thomas Chippendale

102 Cylinder-fall writing table – Schreibtisch mit Rollverschluß. England, letztes Viertel 18. Jahrhundert
Düsseldorf, Kunsthandel Heyduck
An diesem Möbel wird – schon in der Formübernahme des Möbeltyps des bureau plat – starker französischer Einfluß spürbar, der besonders in das Vorlagenwerk Hepplewhites Eingang gefunden hat, wo sich auch vergleichbare Rollverschlüsse finden.

in seinem »Gentleman & Cabinet Maker's Director« (1754–1762) vorführt und der ein gewichtiger Mittelpunkt der Bibliotheken lese- und bildungshungriger britischer Adliger sein konnte (Abb. 104). Das architektonische Möbel mit allseitig geschlossenen Flächen, dessen geschnitzte Zierate – löwenköpfige Hermenpilaster, Akanthus- und Scheibenfriese, ovale Spiegelrahmungen und Mäander- sowie Blüten-

103 Cylinder-top bureau-bookcase, Schreibschrank mit Zylinderverschluß und Vitrinenaufsatz. England, um 1790/95
Düsseldorf, Kunsthandel Heyduck
Das englische klassizistische Möbel – in seinen typischen Ausprägungen sehr häufig mit dem Namen Sheratons verknüpft – zeigt sich hier als das klassische bureau mit dem neuartigen Zylinderverschluß und dem zumeist als Bücherschrank verwendeten Aufsatz, in dessen Glastürenaufteilung das seit Chippendale, besonders aber am Jahrhundertende beliebte gotische Maßwerkornament anklingt.

friese – noch von barocker Inspiration zeugen, verrät seine Entstehungszeit um die Mitte des Jahrhunderts durch eine raffinierte Inneneinrichtung: Die Tischplatte kann zum Lesen oder Schreiben hochgeklappt, die gesamte Möbelfront zur Öffnung eines kompliziert eingerichteten Sekretärs vorgezogen werden.
Mit dem Fortschreiten des Jahrhunderts verstärkt sich noch die Neigung zum Verwandlungsmöbel mit überraschender mechanischer Einrichtung. Nach 1760 entsteht ein *chest of drawers,* der sich, geöffnet, als Schreib- und Arbeitstisch für Wissenschaftler und Architekten anbietet (Abb. 105). Wie erfindungsreich die englischen Möbelkünstler waren, zeigt sich auch an einem Reisemöbel, aus dessen Oberteil sich eine schräge Schreibfläche klappen und eine Sekretäreinheit mit Fä-

chern und Laden herausziehen läßt (Abb. 100), das letztere ein Effekt vom *Harlequin Pembroke table* (Sheraton), der sich bis vor die Jahrhundertmitte (Chippendale) und bis ins fortgeschrittene viktorianische Zeitalter (späte *Davenport desks)* verfolgen läßt.
Die formalen Variationen zu allen angeführten englischen Schreibmöbeltypen sind zahlreich. Ihre nur schwer überschaubare Fülle läßt sich am besten aus den veröffentlichten Tafelwerken von Ince & Mayhew, Chippendale, Sheraton und Hepplewhite ermessen, wobei etwa in den Entwürfen des »Gentleman & Cabinet Maker's Director« von Thomas Chippendale eine frühe eklektische Stilvielfalt (French, Chinese, Gothic taste) ihren langen Schatten auf die Möbelkunst des späteren 19. Jahrhunderts zu werfen scheint. Denn anders als die französischen Ebenisten waren die englischen *Cabinet makers* nicht in strenge Zunftpflicht genommen und konnten als freie Händler, Unternehmer und Entwerfer auf dem Möbelmarkt auftreten. Sie bewarben sich um Aufträge des Hofes, aber diese Arbeiten prägten nicht ihren Stil, son-

104 Library table, Bibliotheksschreibtisch. Mahagoni
England, William Vile (?), um 1740/50
London, Victoria & Albert Museum
Prächtiges Funktionsmöbel, das dem Hoftischler Georgs II. zugeschrieben wird: Die Tischplatte läßt sich als Lesepult hochklappen, die ganze Front wird vorgezogen, um einen Schreibtisch zugänglich zu machen.

105 Verwandlungs-, Schreib- und Zeichentisch, drawing table
England, letztes Drittel des 18. Jahrhunderts
Essen, Kunsthandel Beltz
Im geschlossenen Zustande ein einfacher chest of drawers, eine Kommode, öffnet sich das erstaunliche Möbel zu einem Arbeitstisch mit zwei vielfach verstellbaren Schreib- und Zeichenplatten.

dern allenfalls ihr Renommée. Selten sind englische Möbel mit den Namen ihrer Hersteller bezeichnet oder aus Archivalien sicher zu belegen; häufiger finden sich Klebeetiketten mit werbendem Charakter. So arbeitet die Möbelforschung zumeist mit Zuschreibungen anhand stilistischer Merkmale oder Ähnlichkeiten mit veröffentlichten Entwürfen; so an William Vile, den Hofschreiner (vergleiche Abb. 104), an John Coxed, John Channon oder John Belchier (lackierter Schreibschrank im Victoria & Albert Museum, London). Eine Ausnahme ist der voll signierte Schreibschrank des William Bennet (Abb. 101).
Oft ist bei Bezeichnungen und Etiketten jedoch nicht einmal sicher, ob es sich um den Schreiner oder einen Kaufmann handelt, der das Möbel lediglich vertrieb; selbst von den berühmtesten englischen Kunstschreinern sind höchst selten eigenhändige Werke sicher bezeugt. Allerdings haben die zahlreichen Vorlagenwerke zusammen mit der klassisch geprägten Spätbarockarchitektur, die sich früh dem Klassizismus zuwandte (Stuart and Revett, 1762), die noch heute erstaunliche stilistische Einheitlichkeit des englischen Möbels bewirkt, die sich im Lot hielt bis zu den französischen Revolutionsauktionen, die den englischen Markt mit verschleudertem französischen Hofmobiliar überschwemmten und stärksten französischen Einfluß verursachten.

Durch das ganze Jahrhundert von französischem Geschmack geprägt war aber das elegante italienische Schreibmöbel. Neben einer Reihe von fast wörtlichen Wiederholungen des *bureau Mazarin,* die sich in italienischen Museen erhalten haben, besticht die nach vorn gekurvt ausschwingende und in der Mitte eingezogene piemontesische Anverwandlung dieses Möbeltyps von Luigi Prinotto (Abb. 106). Der mit verschiedenen Hölzern und Elfenbein eingelegte Schreibtisch, dessen Beine mit zierlichen Scheren untereinander verbunden sind, spricht eine deutlich andere Sprache als das formal strengere französische Vorbild; in Proportion und Tiefe sind Ansätze zum gebauchten kommodenartigen Möbel zu ahnen. Ein solcher Schubladensekretär hat sich dann auch, vermutlich nicht ohne Mitwirken entsprechender süddeutscher und englischer Anschauungsobjekte, aber wohl auch auf der Basis der einheimischen *credenza* entwickelt; später hat er auch als Träger

106 Schreibtisch, scrivania. Italien, Piemont, Luigi Prinotto, um 1720
Turin, Museo Civico
Ganz deutlich steht hier dem Möbelschreiner, der ein kostbar mit Nußbaum und Elfenbein furniertes Möbel geschaffen hat, das Vorbild des französischen bureau Mazarin vor Augen, dem er jedoch eine elegante neue Gestalt mit prächtigen Schweifungen verleiht.

107 Schreibschrank, scrivania-cassettone ribaltabile. Wurzelnußholz, Bronzebeschläge. Italien, Piemont, um 1765
Turin, Museo Civico
Grazil auf sechs Beinen stehend, ist die italienische Kombination aus Pultschreibtisch und verspiegeltem Aufsatz eine weitestgehend unarchitektonische, eher modellierend plastische Möbelform. Aufwendige Giebelbekrönung, kostbare Rocaillebeschläge und wie ein Reifröckchen ausschwingende Flanken kennzeichnen das Rokokomöbel.

eines schrankartigen Aufsatzes gedient. Der Kommodensekretär, je nach Zeitstufe geschweift oder bis zur Balusterform allseitig ausgebaucht, war seitdem als Form so beliebt, daß er sogar aus Majolika (Manufaktur Folco, Savona) hergestellt wurde. Doch war er in diesem Material mit großer Wahrscheinlichkeit ebenso ein *trompe-l'œil* wie das gleichzeitige holländische *turfbureau,* das in der Form eines Sekretärs als Torf- und Brennholzkiste der guten Stube diente.
Den Typus des italienischen Schreibschrankes – Kombination aus separatem Pultsekretär und verspiegeltem Aufsatz – mag hier das piemontesische, sechsbeinige Möbel vertreten, das kurz nach der Jahrhundertmitte entstanden sein dürfte (Abb. 107). Bemerkenswert ist

108 Schreibschrank, cassettone con ribalta e alzata
Venedig, 1. Hälfte des 18. Jahrhunderts
Venedig, Museo del Settecento Veneziano, Palazzo Rezzonico
In seinem perspektivisch gestaffelten, architektonischen Aufbau und dem hypertrophen Giebelornament gleicht dieser venezianische Schreibschrank eher einem hochbarocken Altarretabel mit schräger Mensa als einem Schreibschrank: ein Stück Innenarchitektur in Möbelform.

die Betonung der dekorativen Wirkung des Wurzelnußholzes und die – im Vergleich zu den venezianischen, stark architektonischen Schreibschränken (Abb. 108) – fast vollständige Reduktion von Zitaten aus der Baukunst. Venedig war, wie London, dank seiner weltweiten Handelsbeziehungen auch ein Zentrum für europäische Lackkunst. Neben den holzfarbigen Schreibschränken haben sich deshalb hier qualitätvolle, mit Chinoiserien bemalte Lackschränke erhalten, die Zeugnis für die hohe Möbelkultur der Republik ablegen können. Zweifellos einer der fähigsten Schreibmöbelbauer Italiens war Pietro Pifetti (um 1700–1777), von dem sich ein signiertes und 1741 datiertes Möbeljuwel in Venedig befindet (Abb. 109). Zweifellos eine Inkunabel des italienischen Rokoko, variiert er die Form des französischen *bureau à gradin*, integriert eine schräg aufstellbare Lese- und Schreibfläche und behält die Verbindung der geschwungenen Füße bei, aus denen er ein lambrequinbehangenes dekoratives Gegengewicht macht, das in spielerischer und eloquenter Weise die Schwünge der Beine und der Tischzarge aufnimmt. Der Schreibtisch ist überreich marketiert und in charakteristischer Weise als Ganzes und in seinen Teilen plastisch modelliert, wobei, anders als in Frankreich, die Beschläge so gut wie keine Rolle spielen. Ein ähnlich begabter Kunsttischler war der Mailänder Guiseppe Maggiolini, von dem ein außergewöhnlicher, reich marketierter, signierter Schreibtisch in Wien zu bewundern ist,

109 Schreibtisch, scrittoio oder scrivania. Venedig, Pietro Pifetti, 1741
Venedig, Museo Correr
Das signierte und datierte Möbel vom Typ des bureau plat zeigt die ganze Pracht des italienischen Rokoko: Durch in Voluten endende Stützen verstrebte Tischbeine, ornamental rhythmisierte Tischzarge und Elfenbeinmarketerie in Form von Lambrequins, Muscheln und Rocaillekartuschen wird Pifettis Schreibtisch zu einem einzigartigen Prunkstück.

wohin er als Geschenk des Sohnes von Maria Theresia an seine Mutter gelangt ist.
Neben diesen eigenständigen italienischen Leistungen hat im Klassizismus der französische hohe Schreibsekretär *à abattant* im Lande Nachahmer gefunden, doch läßt der *serracarte* keine Bezüge zum einheimischen *studiolo,* Kabinett-Sekretär des 16. und 17. Jahrhunderts, erkennen, auf den er sich nach Form und Funktion eigentlich beziehen könnte.

Das 18. Jahrhundert endet mit politischen und kriegerischen Ereignissen, die, wie an seinem Anfang, das europäische Kräfteverhältnis erschüttern und umwälzen. Nach den französischen Revolutionstruppen sind es die Heere des Konsuls und des Kaisers Napoleon, die Zentraleuropa durchpflügen und auch England zu treffen versuchen (Kontinentalsperre 1806). Nur in Frankreich gibt es zunächst eine genügend potente Hofhaltung, um wahrhaft höfische Möbel zur Neueinrichtung der nach der Revolution unbewohnbaren Schlösser zu schaffen. Und trotz seiner aggressiven Politik ist es Frankreich, das nicht nur in die von ihm geschaffenen und abhängigen Königreiche und Machtzentren (Rheinbund, Neapel, Holland, Italien), sondern auch in andere Länder seinen Geschmack und seine Mode exportiert.

▷

110 Sekretär, secrétaire à abattant. Pyramidenmahagoni, Messingeinlagen, Bronzebeschläge. Rußland, um 1800
Kiel, Kunsthandel Negelein
Aus Frankreich importiert oder unter französischem Einfluß in Rußland hergestellt: Der kleine Empiresekretär besticht durch seine schlanken Beine aus bocksfüßigen Widderprotomen und teleskopartigen Rundstäben, durch antikische Masken, Profile und Friese.

Vom Empire zum Art nouveau

Das Jahrhundert beginnt mit der französischen Hegemonie über Westeuropa, mit der Demütigung der Großmächte Preußen (Einzug Napoleons in Berlin 1806), Österreich (1805), Spanien und Rußland (Napoleon in Moskau 1812) durch das Empire, das sich durch einen Kranz von Vasallenstaaten und ihm ergebenen neuen Königreichen fortwährend regeneriert. Die französische Expansion geht einher mit Export französischer Kultur (Abb. 110), beflügelt durch die verbreitete Neigung, in Napoleon den Vertreter einer neuen, gerechteren, ja demokratischen Weltordnung zu sehen, die sich zudem scheinbar ohne ideologische Schwierigkeiten mit imperialem Anspruch verknüpfen ließ. Der überwältigenden Verbreitung französischer Mode war allerdings eine intensive Einfuhr künstlerischer Leistungen vorangegangen. Von der Ernte der zahlreichen Feldzüge wurde inkorporiert, was für eine Bereicherung eigenen Stils geeignet zu sein schien. So ist es in Frankreich nicht nur das neue politische Ideengut, das sich – etwa in revolutionären Symbolen auf furnierten Sekretären – in der Möbelkunst niederschlägt, sondern auch das von fernen Kriegsschauplätzen Mitgebrachte, wenn es sich nur auf die Wahlverwandtschaften zum römischen Cäsarenreich oder den Pharaonenkult beziehen läßt. Im Kräftefeld solcher Einflüsse und als Vorläufer des reifen Empirestils, der später durch Percier und Fontaine in eine gültige Form gebracht wurde, ist ein wuchtiger Tischsekretär mit Schublade der Jacob frères zu sehen, der außer ägyptisierenden Details auch Formfindungen der Revolutionsarchitektur verarbeitet (Abb. 111). Das Möbel wurde kurz vor 1800 für Josephine, Gemahlin Napoleons, angefertigt.
In solchen pompösen Möbelstücken spiegelte sich das Selbstverständnis des Herrschers, der es liebte, sich als Nachfolger römischer und karolingischer Kaiser zu betrachten und der während des ersten Jahrzehnts des neuen Jahrhunderts auf dem Kontinent praktisch ungeschlagen und gleichsam auch unschlagbar war. Doch hatte er einen Gegner, den er weder militärisch noch auf andere Weise bezwingen konnte. Durch seine mächtige Flotte geschützt und durch sein welt-

111 Sekretär für Joséphine. Paris, Jacob-Frères, nach 1796
Versailles, Musée National du Château de Versailles, Grand Trianon
Das Schreibmöbel als Triumphbogen: Nicht der praktische Zweck, sondern die repräsentative Absicht überwiegt bei der Gestaltung dieses Möbels, dessen Dekor aus großen geflügelten Ganzfiguren, Löwentatzen, Blatt-, Palmetten- und Greifenfriesen besteht und das von einer gewaltigen Marmorplatte gedeckt ist. Das Möbel des Directoire, das für die Gemahlin des Generals Napoleon Bonaparte geschaffen wurde, orientierte sich sichtlich an der antiken Ornamentik und der revolutionären Architektur.

umspannendes Kolonialreich praktisch autark, trotzte England der napoleonischen Kontinentalsperre; ja die Wirtschaftsblockade schlug auf mehr als einem Bereich empfindlich auf das Festland zurück. Auf dem Möbelsektor beschnitt sie einen gewichtigen Teil der französischen Exportmärkte und unterband die Einfuhr einer Vielzahl exotischer Hölzer, darunter das in großen Mengen verarbeitete Mahagoni. Schon ab 1800 hatte der Korse zum Boykott englischer Importhölzer

112 Bureau plat. Ulmenholz. Paris oder Compiègne, 1811
Compiègne, Musée National du Palais de Compiègne
Das klassische bureau plat im Gewand des Empire: auf dorisch anmutenden polygonalen Säulenfüßen die von der Schreibplatte gesimsartig überdeckte Tischzarge in Form des architektonischen Architravs; die Schlüsselschilder werden von sich umarmenden geflügelten Genien gebildet. Das Ulmenholz, eines der seit der Kontinentalsperre gegen England favorisierten »bois clairs«, bestimmte als helles Holz auch die Vorliebe des Biedermeier.

aufgerufen, später dann den Gebrauch von Mahagoni verboten – was ihn nicht hinderte, selbst Möbel aus diesem rar gewordenen Material zu ordern (*bureau plat* von Jacob-Desmalter im Grand Trianon, 1810). Durch Prämien und Förderungen unterstützt, wandten sich die französischen Kunstschreiner den einheimischen Hölzern *(bois indigènes)* zu: dem Ulmenholz (Rüster), dann Esche, Ahorn, Buche, Eiche, Nußbaum, Linde, Birne und Buchsbaum. Von einigen Mahagoni-Imitationen abgesehen, bildete sich, auch in den verschiedenen Schlössern der kaiserlichen Hofhaltung, eine ungewöhnliche Möbelkultur in zumeist hellen Hölzern *(bois clairs)* aus (Abb. 112), die zu einem nicht geringen Teil in die folgende Biedermeierzeit eingeströmt ist.

Lange Zeit hindurch erhielt sich daneben die Vorliebe der Möbelkünstler des Louis XVI. für mechanische Möbel und für Überraschungseffekte, die sich durch sie erreichen ließen. Einen der originellsten Schreibtische der Epoche des Empire schuf der Florentiner Giovanni Socci angeblich für Napoleon: einen geschlossenen ovalen Tisch, aus dessen Seitenwand sich ein Stuhl herausziehen und dessen Platte sich

zugunsten einer Schreibfläche und einer versenkbaren Sekretäreinheit auseinanderschieben läßt (Abb. 113).
Nach dem Zusammenbruch des übermäßig aufgeblähten Empire (1814/15) siegt die Restauration der Bourbonen mit Ludwig XVIII.; mit ihr hält sich ein gemäßigter, verfeinerter Empirestil im Möbelbau. Mit der extrem prokirchlichen Regentschaft des reaktionären Charles X. (1824–1830; Wiederzulassung der Jesuiten, kirchliche Schulaufsicht) finden sich im Möbeldekor vermehrt Ornamentzitate aus der gotischen Architektur *(décor à la cathédrale;* Abb. 114) zu einer Zeit, in der vor allem in Deutschland die Grundlagen der Neugotik geschaffen werden; allerdings wird der Weg zum Historismus, dem Aufgreifen reiner oder vermischter vergangener Stilformen erst unter dem Bürgerkönig Louis-Philippe (1830–1848) beschritten. Das er-

113 Mechanischer (Reise-)Schreibtisch für Napoleon I. Florenz, Giovanni Socci, 1807
Florenz, Palazzo Pitti
Geschlossen ein ovaler Kastentisch, geöffnet ein Schreibtisch mit seitlichen Ablagen, Sekretärfach, Schreibfläche und bequemem Stuhl: ein raffiniertes Verwandlungsmöbel des italienischen Tischlers, der mit Georges Jacob verglichen wurde.

114 Schreibstuhl. Paris, um 1825
Paris, Ader, Picard, Tajan
Die englische Erfindung des frühen 18. Jahrhunderts wird nicht nur zu Beginn des neuen Jahrhunderts von Sheraton aufgegriffen, sondern auch von Frankreich, wo ihr unter der Herrschaft des prokirchlichen Charles X. bisweilen gotisierender Dekor aufgelegt wird. Noch heute tun solche Möbel, im modernen Gewand, in Schulen und Hörsälen ihre Pflicht.

starkte Bürgertum findet jetzt, und später – erst recht – unter dem Zweiten Kaiserreich Napoleons III. seine bevorzugten Repräsentationsformen in den nun inhaltslos gewordenen Stilhüllen der eigenen nationalen monarchischen Kunst des 17. und 18. Jahrhunderts: Es entstehen neue Boullemöbel, üppiger und aufwendiger sogar als die Originale. Bis zum Jahrhundertende werden *bureau plat* und *secrétaire à abattant*, *bureau à dos d'âne* und *bonheur du jour* neu, aber mit Vorliebe in den verblüffend echt nachempfundenen Stilformen des Louis XV. auf den Markt gebracht. Linke und Zwiener, Dasson (Kopist des berühmten *bureau du roi* von Oeben und Riesener), Krieger und andere arbeiten aber nicht nur für den Markt nach den Modellen von Cressent und Oeben, Risamburgh oder Riesener, sondern auch für den französischen Hof selbst, der ebenfalls den Verlockungen des suggestiven dynastischen Formenapparates erlegen war, ohne eine eigene assoziativ wirksame Stilqualität zu entwickeln. Häufig ist Erfahrung und gutes Einfühlungsvermögen in historische Dekoration und Proportion vonnöten, um die handwerklich hervorragend, zuweilen in beinahe

ausdrücklich formulierter Konkurrenz zu den Originalen gearbeiteten Schreibmöbel zu identifizieren.
Die Forscher haben längst erkannt, daß schon der Klassizismus, getragen von bewußt eingesetztem geschichtlichen Wissen, eine frühe Form des Historismus darstellte. Das Traditionsbewußtsein in Frankreich ist sogar so stark, daß später, trotz langer Reformbemühungen gegen geistlose Geschichtsausbeutung seit der ersten Weltausstellung (1851), mit eleganten zierlichen Schwüngen und verschlungenen floralen Motiven Elemente des Rokoko und der Gotik auch noch in den Art nouveau, die französische Spielart des Jugendstils, einfließen.

115 Schreibschrank. Bremen, Gottfried Lehrknecht, 1801
Bremen, Focke-Museum
Das gewaltige, über drei Meter hohe Möbel, aus drei wuchtigen Kastenelementen aufgebaut und an seiner Front mit Versatzstücken antiker Architektur belegt, war das Meisterstück des Bremer Tischlers.

Das deutsche Schreibmöbel des frühen 19. Jahrhunderts ist einerseits von der Tradition Roentgens geprägt, andererseits von dem mächtigen und politisch verpflichtenden Vorbild des französischen Empire. Neben diesen Strömungen hält vor allem Norddeutschland lange – wie zuvor – an seiner Vorliebe für englische Möbeltypen fest (Beispiele im Städtischen Museum Flensburg).

In Fortsetzung des eleganten, in anderen Varianten wuchtigen Klassizismus wird weiterhin das massive Rollbureau gebaut, wenn auch jetzt, wie in Frankreich und aus denselben Gründen wie dort, häufig in

116 Schreibtisch mit Aufsatz. Birken-Wurzelmaserholz, Stuck, Marmor
Kassel, Friedrich Wichmann, 1810/11
Kassel, Schloß Wilhelmshöhe
Letztes Aufpolieren imperialen napoleonischen Stils in Deutschland: Mit Greifen, Karyatiden und antikisierenden Bronze- und Marmorreliefs gestaltet der Bildhauer und Möbelfabrikant diese pompöse Raumplastik für Westfalens »König Lustik«, den Bruder Napoleons.

117 Schreibschrank. Berlin, Johann August Griese, 1801
Potsdam, Neues Palais
Unproportionierte, frei veränderte Zitate nach antiken Bauformen, fast rokokohaftes Giebelrelief, massiver verkröpfter Plattenaufbau und allzukleine Schreibfläche kennzeichnen an diesem Berliner Meisterstück den Widerspruch zwischen klassizistischem Prunk und intendierter Funktion.

hellen Hölzern (Ahorn, Birke, Kirsche, Esche und andere). Es entstehen bullige Schreibschränke (S. Baisch, Stuttgart 1812), deren weitgehend der Architektur entlehnten, konstruktiv wirkenden Details (Pilaster, Säulen, Gebälke, Giebel) zum Gesamtvolumen in oft unausgewogenem Verhältnis stehen (Abb. 115, 117).

Die deutsche Version des französischen Empirestils entsteht vor allem an den Höfen der württembergischen Könige in Ludwigsburg, wo noch immer die edlen Möbel von Nikolaus Friedrich Thouret zu bewundern sind, und des Jérôme Bonaparte (1807–1813) in Kassel (Abb. 116). Aber nicht vom pathetischen, imperialen Gestus solcher Möbel, sondern vom feinen, Holzfarbe und Maserung betonenden Ebenmaß des deutschen Klassizismus, läßt sich eine Brücke zum bürgerlichen Stil des Jahrhunderts, dem Biedermeier, schlagen

118 Stehpult und Zahltisch mit Aufsatz. Flensburg, 1820
Flensburg, Städtisches Museum
Beispiel des funktionalen Schreib- und Kontormöbels des frühen 19. Jahrhunderts: Nach englischer Idee ruht auf hohen Schrankpodesten, zwischen denen sich eine Zähltischplatte herausziehen läßt, die kompakte Pulteinheit mit Regalaufsatz, an der sich stehend oder auf hohem Stuhl arbeiten läßt.

119 Sekretär. Mahagoni. Berlin, Karl Friedrich Schinkel, Ausführung Knickmeyer, um 1826
Potsdam, Schloß Charlottenhof
Akademischer deutscher Klassizismus: Proportion, Form und Funktion harmonieren an diesem Schreibmöbel auf beeindruckende Weise. In Cremona hat Paolo Simone Moschini einen ganz ähnlichen (Ebenholz-)Sekretär in dorischer Ordnung geschaffen, der sich heute in San Francisco befindet (1822).

120 Patentsekretär. Wurzelesche. Berlin, Adolph Voigt, um 1805
Berlin, Staatliche Museen, Kunstgewerbemuseum Schloß Köpenick
Obwohl nach Vorbildern Sheratons gearbeitet, läßt sich der Berliner Möbelfabrikant den schmalen Sekretär in Form eines Kaminschirmes patentieren. Das elegante Möbel steht in der Nachfolge des beliebten bonheur du jour.

(Abb. 118), in den allerdings auch starke englische Formkräfte einfließen können (Abb. 120).
Preußen, nach den Freiheitskämpfen und dem Wiener Kongreß erneut erstarkt, vermag wie im 18. Jahrhundert wieder einen eigenen Möbelstil zu schaffen. Karl Friedrich Schinkel ist hier der überragende – und äußerst vielseitige Meister. Schinkel, Maler und Architekt, der später in der preußischen Staatsverwaltung bis zum Oberbaudirektor aufstieg, blieb im Möbelbau Opfer seiner überreichen historischen Bildung und der Einflüsse aus der Beschäftigung eines Mannes, der kraft seines Amtes sich mit allen historischen Bauwerken in staatlicher Trägerschaft – dazu gehörte seit 1815 etwa auch der gotische Kölner Dom in der preußischen Rheinprovinz – restaurierend, ergänzend und bewahrend auseinandersetzen mußte. Als Schüler Gillys schuf er strenge,

klassizistische Möbel wie den Sekretär in Schloß Charlottenhof (Abb. 119): ein des Giebels und der Mittelsäulen beraubter ionischer Prostylos, dessen Schreibklappe, mit feinen, in Eckpalmetten endenden Stäben gerahmt, das Allerheiligste öffnet. Das 1826 von Knickmeyer gearbeitete Möbelstück zeigt das in bewundernswerter technischer Meisterschaft harmonisch über die ganze Möbelfront gelegte einheitlich geflammte Furnierbild des Pyramidenmahagoni.
Ähnlich konzipiert, wenn auch mit konventionellem zweitürigen Untergeschoß auf mächtigen Löwentatzen, ist der dorische Tempelsekretär, der um 1815 in München gearbeitet worden ist (Abb. 121). Das klassizistische Möbel ahmt in seiner Gestaltung sichtlich Qualitäten der steinernen Architektur nach: Von Architekten entworfen, werden

121 Sekretär. Vogelahorn. München, um 1815
München, Bayerisches Nationalmuseum
Eher ein Bauwerk als ein Möbel: selbst die Maserstruktur des Holzes an diesem dorischen Tempelsekretär scheint, im Verein mit der blockhaften Hartkantigkeit der Formen, Steinarbeit zu simulieren.

122 Schreibtisch der Kronprinzessin Elisabeth. Holz, versilbert. Berlin, Entwurf Karl Friedrich Schinkel, um 1827/28
Potsdam, Schloß Charlottenhof
Möglicherweise haben in italienischen Ausgrabungen entdeckte antike Metallmöbel Pate gestanden bei der Konzeption von Form und Dekor dieses ungewöhnlichen Schreibtisches mit rückwärtigem Aufsatz.

die Möbel selbst zu kleinen Bauwerken, deren Wände, Gesimse und Säulen wie mit Steinmetzwerkzeugen gearbeitet wirken; ja selbst so beliebte Holzarten wie stark gemasertes Mahagoni, Wurzelbirke oder Vogelahorn scheinen an Marmor- oder Steinstrukturen zu erinnern. Einem eher dekorativen Klassizismus verpflichtet scheint Schinkels versilberter Schreibtisch der Kronprinzessin Elisabeth (Abb. 122), vielleicht in Anlehnung an in Italien ausgegrabene, antike Metallmöbel entstanden. Seine aufwendige doppelte Friesrahmung mag den Motiven antiker Wandmalerei entlehnt sein, die auch den Dekorationsentwürfen des königlich-englischen Architekten Robert Adam zugrunde liegen. Einer ganz anderen Inspiration folgt dagegen der aus gedrechselten Balusterformen zusammengesetzte Schreibtisch des Kronprinzen und nachmaligen Romantikers auf dem preußischen Thron Friedrich Wilhelm IV. (Abb. 123): Hier werden englische Einflüsse des Regency spürbar, denen Schinkel etwa auch in der Gestaltung von Sofatischen und Nähtischen nachgegeben hat. Gedrechselte Möbeldetails waren allerdings auch auf antiken Wandmalereien zu sehen gewesen; sie waren in der Romanik und im Barock beliebt. Als gelehrter Architekt wurde Schinkel, wie die lange Reihe seiner Möbelentwürfe zeigt,

123 Schreibtisch für Kronprinz Friedrich Wilhelm (IV.). Mahagoni
Berlin, Entwurf Karl Friedrich Schinkel, 1827/28
Potsdam, Schloß Charlottenhof
Englische Einflüsse scheinen wirksam zu werden an diesem flachen Schreibtisch mit der Balustergalerie zwischen mächtigen Ecktrommeln, auf gedrechselten Beinen mit fast noch barocken godronierten Kapitellen. Mit den an seinen Möbeln erkennbaren Einflüssen aus der Antike, der Gotik und dem englischen Mobiliar wird der preußische Künstler zu einem ideellen Vorläufer des wenig später voll entwickelten eklektischen Historismus.

zum Eklektiker. Seine Rückgriffe auf Schmuckformen der Antike, der Gotik, des französischen Empire und englischer Kunsttischlerei präfigurieren den Historismus der nachfolgenden Generation. In seinen Möbeln für bürgerliche Besteller oder für den sparsamen und nüchternen Friedrich Wilhelm III. jedoch bricht sich ein Stil Bahn, der unter der Bezeichnung Biedermeier (ca. 1815–1830) in die Möbelgeschichte eingegangen ist (Abb. 124). Unendlich ist die Vielfalt der Möbelformen dieses ersten großen bürgerlichen Zeitalters, wie sie uns in Gemälden und zahlreichen erhaltenen Beispielen überliefert ist. Die zeitliche und stilistische Nähe zum Empire läßt sich bei den meisten Möbeln nicht verleugnen und dokumentiert sich in zumeist farblich abgesetzten Details wie Säulen, antikisierenden Friesen, Giebeln und Rückgriffen auf die geometrischen Formen der französischen Revolu-

124 Gutsverwalter (Domänenrentmeister) am Pultschreibtisch mit Aufsatz, Ölgemälde von C. B. Beckenkamp, Ausschnitt, um 1820
Köln, Stadtmuseum
In dem einfachen, biedermeierlichen Möbel (vgl. Abb. 118) klingt durch seine Verwendung in diesem Schreiberbild das traditionelle Herrschaftsmotiv an: Auch Napoleon hatte sich, von J. L. David, an seinem mächtigen Empireschreibtisch porträtieren lassen (1812). Allerdings kommt auch die sich im Schreiben äußernde Innerlichkeit zum Ausdruck, wie sie die romantischen Maler (etwa Kersting) uns vor Augen zu stellen versuchten.

tionsarchitektur eines Boullée oder Ledoux. Doch stehen diese Formzitate nicht mehr in einem plausiblen architektonischen Zusammenhang mit dem Möbel, sondern häufig nur mehr in einem pittoresken Ungleichgewicht zu dessen Proportion und Form.

Verstümmelten Armen gleich rollen sich massive Voluten an die Schultern eines Marburger Sekretärs (Abb. 125), dessen Giebelgeschoß durch eine eher betuliche Haube gekrönt ist. Erinnerungen an antike Tempelarchitektur und klassizistische Möbel eines Roentgen werden allenfalls in der Inneneinrichtung geweckt; das Untergeschoß ist durch einen gewaltigen Tunnelbogen und flankierende Säulchen hervorgehoben. In dem Riß zu diesem Meisterstück des Bernhard Stedefeld (Abb. 126) wird durch verschiedene Varianten deutlich, daß der Schreiner auch Möbel vom Typ des Wiener und Thüringer Sekretärs vor Augen gehabt haben mag, dessen lyraförmige untere Rundung und Einziehung im rechten Beispiel der Zeichnung angelegt ist.

Im Prinzip ähnlich, wenn auch mit ungleich größerer Sensibilität für Proportion und formale Harmonie gebaut ist ein Thüringer Sekretär (Abb. 127), dessen von einem ionischen Kymation begleiteter Giebelbogen in dieselben Volutentrommeln ausläuft wie die aus einem Halbrund aufsteigenden Seitenwände. Das Möbel, dessen Innengefachung ebenfalls aus Versatzstücken wie Mauerwerk, Postamenten, Säulen und Treppen komponiert ist, wirkt wie eine gewaltige, gesockelte

125 Sekretär. Nußbaum und Ahorn. Marburg, Bernhard Stedefeld, 1819
Marburg, Universitätsmuseum
Ein etwas betuliches Möbel ist das Meisterstück des Marburger Schreiners in seiner auf Vorderansicht konzipierten massiven Kantigkeit. Neben den bereits bekannten Motiven wie Säule und Tunnelbogen zitiert der Prüfling ionische Voluten, eine barocke Kuppel und – im Innern – die klassizistische Einrichtung Neuwieder Prunkschränke.

Urne oder eine Lyra, ein Gestaltungstopos, der im Wiener Empire entwickelt worden ist, in der gesamten Donaumonarchie Triumphe feierte und von dort aus auf das nördlichere deutschsprachige Gebiet ausgestrahlt hat.

Im Sinne einer im Ornamentdekor reduzierten, auf den geraden Flächen des Kubus basierenden Eleganz und vornehmen Schlichtheit hat das deutsche Biedermeier auch Möbel geschaffen, die aus schlichten Brettformen entwickelt sind und eine bildhafte Wirkung lediglich durch die Zeichnung der jetzt beliebten einheimischen Hölzer erhalten. Bisweilen erinnert noch ein architektonisch aufgefaßtes Giebelgeschoß an die klassizistisch geprägten – und gleichzeitigen – Hofmöbel

126 Meisterriß des Tischlergesellen Bernhard Stedefeld. Marburg 1819
Marburg, Universitätsmuseum
Die Entwurfskreativität des angehenden Meisters soll diese Meisterzeichnung demonstrieren, die in sechs Varianten den dann wirklich ausgeführten Sekretär (Abb. 125) umspielt und die neben Motiven aus Barock, Klassizismus und Empire auch die österreichische Lyraform anklingen läßt. Eine Vielseitigkeitsdemonstration ist auch die Sammlung von Gesimsprofilen der rechten Blattseite.

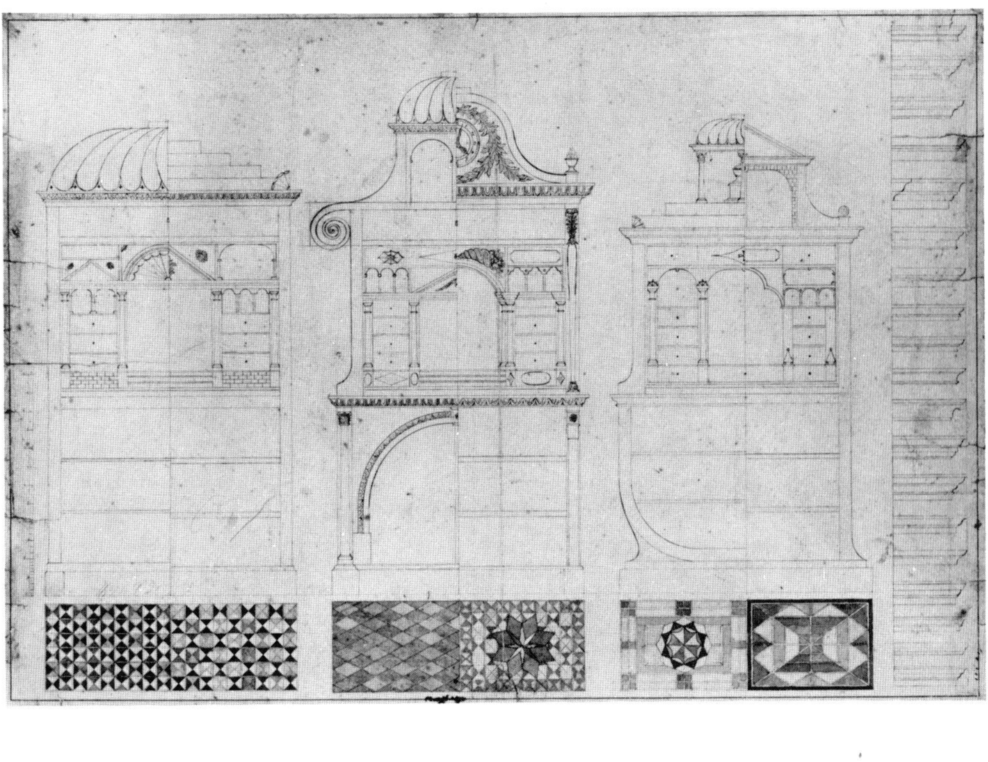

127 Lyrasekretär. Mahagoni, Birkenmaser. Thüringen, Ludwig Beissner, 1829
Dortmund, Museum für Kunst und Kulturgeschichte der Stadt
Das Schreibmöbel als gesockelte Empirevase mit Fuß, Plinthe und Volutenhenkeln: Nicht nur die Lyraform (Musikinstrument) darf assoziiert werden bei diesem prächtig eingerichteten Sekretär mit zwei Schreibklappen, vielfältig aufeinander bezogenen Bogenformen und dem krönenden Diadem aus einem großformatigen, graziös geschwungenen Kymation (Eierstab).

▷
129 Doppelsekretär. Birne und Nußbaum. Norddeutsch oder Rheinland, um 1820/30
Köln, Stadtmuseum
Auch als funktionales Büro- oder Kontormöbel konnte der Biedermeiersekretär gebraucht werden, wie dieses einzigartige, von zwei Seiten benutzbare Schreibmöbel beweist. Bis auf kleine Säulen und farblich abgesetzte Profile ist der Schrank mit den seitlich zugänglichen Schubladen völlig schmucklos.

128 Sekretär. Birkenholz. Rheinland oder Berlin, um 1820
Düsseldorf, Kunstmuseum
Umstritten ist die Herkunft dieses pylonförmigen (schwach geböschten) Sekretärs mit der ungewöhnlichen, an gefalteten Samt erinnernden Maserzeichnung des Birkenholzes, dessen einziger charakteristischer Schmuck der halbtrommelförmige Aufsatz mit dem konsolgestützten ausladenden flachen Giebel ist: ein klassischer Biedermeiersekretär, wie er mit seiner schlichten Form und dem typischen hellen Holzton in vielen Varianten gebaut worden ist.

130 Schranksekretär. Mahagoni. Holland, frühes 19. Jahrhundert
Kasteel Het Nijenhuis, Stichting Hannema-de Stuers Fundatie
Kannelierte Füße, Medaillonbeschläge, Zahnschnitt-(Klötzchen-)Fries und übergiebelte Abschlußgalerie: Das Spiel mit klassizistischen Motiven kennzeichnet dieses doch schon biedermeierliche Verwandlungsmöbel.

eines Schinkel (Abb. 128). Bis auf flankierende Säulchen und geschweifter Innenfachblende völlig schmucklos ist dagegen der ungewöhnliche Doppelsekretär, dessen untere Schubladen von der Seite her zugänglich sind (Abb. 129).

Auch Holland hat – trotz französischer Dominanz – einen eigenen Schreibmöbeltyp hervorgebracht: den Sekretär, dessen Inneneinrichtung samt der Schreibfläche hinter den großen, verdeckten Glastüren eines Schrankes verborgen liegt (Abb. 130).

Die wahre Hauptstadt des Biedermeier ist Wien, von dessen kaiserlichem Hof (Franz I.) kein eigener Stil ausging und in dem sich ein starkes Bürgertum um eigene Stilformen bemühte. In Wien und in der Donaumonarchie gingen englische Einflüsse etwa aus dem Werk Sheratons und die Formkräfte des französischen Empire eine bisweilen skurrile Ehe ein, aus der die berühmten Möbel eines Benedikt Holl (Abb. 131) oder eines Josef Danhauser hervorgingen (Abb. 132). Der »Bürgl.: Dischlermeister« Holl hatte schon vor 1800 kleine Damenschreibtische hergestellt, die zu nicht geringem Maße von Sheratons Vorbildern abhängig waren, die auch in den schon unter Kaiser

131 Damensekretär (geöffnet). Mahagoni. Wien, Benedikt Holl, 1805–15; Gemälde von B. Wigand Wien, Österreichisches Museum für angewandte Kunst »Benedikt Holl./Bürgl.: Dischler meister in Wien« hat Sheratons lady's cylinder writing table mit dem französischen bonheur du jour zu einem durchaus eigenständigen Wiener Zylinderbureau verschmolzen: Zeugnis für die Sonderrolle, die Österreich im Möbelbau dieser Zeit einnimmt.

Joseph II. gegründeten Zeichenschulen und der Kunstakademie variiert wurden. Josef Danhauser, der einer verhältnismäßig großen Möbelmanufaktur mit über 100 Mitarbeitern vorstand, verarbeitet in seinem genialen Entwurf eines auf zwei Säulen ruhenden ovalen Schreibtisches Ideen des französischen und englischen Klassizismus. In formaler Logik und überzeugender Harmonie sind Außenzarge, Tischkasten und Schubladenkranz aus der Rundung der Säulenwandungen entwickelt; das Fehlen jeglichen Ornaments gibt dem kleinen Möbel etwas Großzügiges und fast Monumentales, ja Zeitloses, wie es auch den Stücken Roentgens oder Knickmeyers eignen konnte.
Zu welchen erstaunlichen Leistungen schon die frühe Wiener Schreinerkunst fähig war, zeigt ein noch in der Empirezeit entstandener Sekretär mit kutschenförmiger Silhouette von Josef Haupt (Abb. 133). Trotz seiner frühen Entstehung ist dieses der Zunft vorgestellte Meisterstück bereits ein biedermeierliches Werk: In der Betonung der Schauseite durch eine recht disparate Sammlung von Beschlägen, Appliken, Fächerbildern, unmotivierten Knäufen und Pokalen, in der Verbindung von kurzen, auf gequetschten Kröten (!) ruhenden Säulenfüßen, den seitlichen, mit konkav eingezogener Zarge verbundenen Walzen und dem zweigeschossigen Aufbau ist kein echtes Element des Klassizismus oder des Empire mehr vorhanden.
Das mit Wien, der Stadt der Musik der Wiener Klassik, der Stadt von Mozart, Haydn und Beethoven, scheinbar charakteristisch oder zumindest assoziativ verbundene Schreibmöbel ist der schon in seiner deutschen Prägung bekannte Lyrasekretär (Abb. 134). Das Bayerische

◁
132 Damenschreibtisch. Kirschbaumholz. Wien, Josef Danhauser, um 1830
Wien, Österreichisches Museum für angewandte Kunst
In der perfekten Harmonie von Proportion, aus den Rundungen der Stützsäulen entwickelten Gesamt- und Detailform, konstruktiv überzeugendem Aufbau und ruhiger, schmuckloser Oberfläche liegt ein starkes Element von fast moderner Zeitlosigkeit begründet: Danhauser, der einer großen Wiener Möbelfabrik vorstand, war nicht als Schreiner, sondern als Bildhauer ausgebildet.

133 Damensekretär. Mahagoni, Birne, Ahorn, Messing
Wien, Josef Haupt, um 1805
Wien, Historisches Museum der Stadt
In der Empirezeit entstanden und doch kein eigentliches Empiremöbel ist das Meisterstück des Wiener Tischlers, das im Umriß entfernt an eine Kutsche erinnert. Im Jahr, in dem die Franzosen Wien besetzen, verarbeitet das Möbel starke englische Einflüsse (Sheraton).

134 Lyrasekretär. Mahagoni. Wien, um 1815/20
München, Bayerisches Nationalmuseum
Gefußte Lyraform – mit angedeuteten Saiten in verschiedener Stärke – auf blockhafter Plinthe und mit gesterntem Bogenaufsatz: eine der beliebtesten Schreibmöbelformen – die drei vorgetäuschten oberen Schubladen bilden die Schreibfläche – in der klassischen Musikstadt Wien. Gefußt und gesockelt wurden um diese Zeit auch Vasen, Leuchter und Kaffeetassen.

Nationalmuseum bewahrt ein Beispiel, das in besonderer Weise auf das Musikinstrument Bezug nimmt: Zwischen Giebelfuß und unterem Bogen sind, in Nachahmung echter Instrumentenbespannung, sogar verschieden starke (!) Saiten als vertikale Perlstäbe aufgesetzt. Die Lyraform, als Element der Möbelkunst offenbar eine Idee Sheratons für dekorative Möbelfüße und Stuhllehnen, ist nirgendwo so ausgiebig in den Möbelbau eingegangen wie in Österreich. Einer der aufwendigsten Sekretäre dieser Grundform, in Prag aufbewahrt, stammt aus dem Besitz König Ferdinands V. von Ungarn; seine Schweifungen sind von wehenden plastischen Vorhängen und stilisierten Füllhörnern akzentuiert. In Einzelfällen konnte die Lyraform bis zum geschlossenen Kreisbogen stilisiert werden (Beispiel in Dresden, Museum für Kunsthandwerk). Allen diesen Sekretären eignet ein starker Charakterzug des plastischen Bildwerks: Die Mitglieder einer Gesellschaft, in deren Musiksalons die berühmtesten Musiker spielten und die für die Mächtigen und die Diplomaten der gesamten Alten Welt den berühmten Kongreß ausgerichtet hatten, schmückten ihre Interieurs mit Möbeln, die den Rang von Kunstwerken hatten. Aber es waren keine pompösen und keine koketten Arbeiten. In eine Zeit, in der die Herren hauteng gekleidet und die Damen in antikisch schlichten, weichfallenden Kleidern mit hohem Taillenband gingen, paßten weder überwältigende

135 Carlton House writing desk. Mahagoni, vergoldete Bronzebeschläge
England, um 1810/15
London, Sotheby's
Typ des bureau plat auf runden, kannelierten Beinen mit rückwärtig gerundetem, seitlich abgestuft vorgezogenem Aufsatz. Benannt nach dem Carlton House, Sitz des Prinzen of Wales, des jeweiligen englischen Thronfolgers; im Regency, dem dieses Möbel entstammt, war das Georg IV., der seit 1811 für seinen geisteskranken Vater die Regentschaft innehatte. Carlton House würde zum Sammelnamen für Möbel dieses Typs, der auf Sheraton zurückgeht.

Schreibschränke noch ornamentstrotzende Möbel der Epoche des Reifrocks. Schlichte und kleinformatige, aber hochkarätige Eleganz war gefragt.

Ähnliche Grundsätze hatten für das englische Möbel schon während des ganzen 18. Jahrhunderts gegolten; sie sollten auch in der Folgezeit ihre Gültigkeit behalten. Trotz strengster machtpolitischer Gegensätze mit dem unter William Pitt, an über die ganze Welt verstreuten Schauplätzen, befehdeten Nachbarn Frankreich, war französisches Mobiliar beliebter denn je. In die Kupferstichwerke Hepplewhites und Sheratons hatten eine Zahl französischer Elemente Eingang gefunden. Das hochbeinige oder Schubladen tragende Rollbureau war an die Seite des kompakten *bureau*, der englischen Schreibkommode, getreten und konnte auch dessen Schrankaufsatz tragen (vergleiche Abb. 102, 103).

136 Davenport desk. England, 1. Viertel des 19. Jahrhunderts
London, Victoria & Albert Museum
Das deutlich sichtbare Tischaufsatzpult dieses kleinen Bureaus mit den seitlich zugänglichen Schubladen ist auch konstruktiv von diesem getrennt: Zum Gebrauch läßt es sich auf Schienen nach vorne ziehen. Angeblich zuerst für den Seeoffizier Davenport von Gillows in Lancaster fabriziert.

Das Regency (1811–1820) ist die englische Ausprägung des Empire-Möbels; als Schreibmöbel ist hier das großartige *Carlton-House writing desk* zu nennen (Abb. 135), der vom französischen *bureau à gradin* abgeleitete elegante Schreibtisch Sheratons mit einem vielschübigen, seitlich vorgezogenen Aufsatz. Im übrigen bleibt das Inselreich weitgehend den Möbeltypen *bureau* und *bureau-cabinet* treu, wie sie von den Seddons, Banting France and Co. oder von Gillows in Lancaster (wo ein Lehrling namens Hepplewhite das Handwerk lernte) produziert worden sein mögen.
Dennoch hat ein neuer Möbeltyp bis zum Ende des Jahrhunderts weite Verbreitung gefunden: der *Davenport desk,* eine Abbreviatur des *bureau* mit seitlichen Schubladenfronten und offensichtlich für den Gebrauch in engen Interieurs, etwa auf Schiffen, bestimmt (Abb. 136).

Im dritten Jahrzehnt des neuen Jahrhunderts macht sich erstmals in England und im übrigen Europa ein neues Geschichtsbewußtsein und eine neue Haltung zu den – meist im Hinblick auf die nationale Geschichte interpretierten – überkommenen Altertümern architektonischer oder kunstgewerblicher Gattungen auch im Möbelbau bemerkbar. Im nachrevolutionären Frankreich ist es der erste große Denkmalpfleger Viollet-le-Duc, in Deutschland sind es die Bewahrer und Sammler des Kunstgutes der aufgelösten Kircheninventare und die Propagandisten einer religiösen und nationalen Erneuerung, die im Weiterbau des Kölner Domes und der Vollendung anderer Kathedralen gipfelte, die zur ersten intensiven Auseinandersetzung mit historischem nicht-antikem Formgut anregten. Schon 1827 entwarf Augustus Welby Pugin gotisches Mobiliar für Windsor Castle; dies in einem Land, das seit Chippendale gotische Formen im Möbelbau gekannt hatte und in dessen Parks schon frühzeitig künstliche gotische Bauten beliebt waren. Pugin konvertierte später zur katholischen Kirche und polemisierte – hierin dem Deutschen August Reichensperger und anderen vergleichbar – gegen den Klassizismus heidnischer Denkart. Auch das Mobiliar des 17. Jahrhunderts aber, in dem nach den katholischen Stuarts benannten *Jacobean style,* gehörte zum Programm des fanatischen Sammlers und Geschichtswissenschaftlers, der später auch an der Ausstattung des neugotischen Londoner Parlamentgebäudes beteiligt war.
Die deutsche neugotische Schule nahm ihren Ausgang vom Kräftezentrum der Bemühungen um den Ausbau des Kölner Doms und der in diesem Zusammenhang ausgebildeten Fachkräfte; schon 1830 ließ sich

137 Neugotischer Schreibtisch. Eichenholz. Aachen oder Köln, um 1850
Köln, Stadtmuseum
Klassischer Schreibtischtyp, im großen Wurf mit phantastischem spätgotischen Bau- und Möbelornament überzogen: Der Dekor, nicht die originalen Vorbilder der Gotik waren wichtig bei diesem Möbel des Aachener Kanonikus Bock. Die Inschriften der Tischzarge und Schubladen verweisen auf den rechten Glauben und die Gottesfurcht.

Freiherr vom Stein einen neugotischen Sekretär nach dem Vorbild bauen, das er beim amtierenden Kölner Erzbischof Graf Spiegel bewundert hatte. Um die Jahrhundertmitte entstand in Aachen der schöne neugotische Schreibtisch des Kölner Stadtmuseums (Abb. 137). Doch war die Gotik nur eine erste, von romantischen, politischen und restaurativ-religiösen Bestrebungen getragene Form des Historismus (Abb. 138). Andere Stilformen werden durch ein aufblühendes Unternehmertum auf den Möbelmarkt gebracht, wobei wieder Großbritannien als das Land der industriellen Revolution schrittmachend ist durch Unternehmer wie J. M. Levien. Verschiedene Stilausprägungen – von Neubarock und Neurokoko bis zur Neurenaissance – werden dem Markt, der Gesellschaft zur Identifikation angeboten und sind frei wählbar: Es sind prinzipiell Stilmöbel, wie es sie auch heute noch gibt. Doch haben gerade die frühen Möbel des Historismus selten einen Bezug zu den Originalstücken, aus deren Epoche sie zu stammen vorgeben. Der Dekor, meist aus der Architektur oder der Goldschmiedekunst übernommen, wird einer willkürlich gewählten Möbelform auf-

138 Schreibtisch der Königin Augusta, Gemahlin Wilhelms I., auf Burg Hohenzollern. Nußbaumholz und Einlagen aus anderen Hölzern
Nürnberger Kunstgewerbeschule, Entwurf von F. A. Stüler, um 1863/4. Photo Bibliothek Schloß Sigmaringen
Vollends ungotisch und, trotz der Vielzahl der zitierten gotischen Bauformen, unarchitektonisch ist der gleichzeitig romantische und pompöse neugotische Schreibtisch des großen preußischen Architekten, der wie Schinkel in verschiedenen Stilen zu Hause war.

139 Sekretär. Kiefer, Schmiedeeisen. München, Entwurf Richard Riemerschmid, 1895
München, Stadtmuseum
Obwohl es einen gotischen Sekretär nicht gab, beruhen Riemerschmids erste Möbelentwürfe auf genauem Studium von Form und Proportion gotischer Möbel des Bayerischen Nationalmuseums. Mit graphisch wirkendem Flachschnittdekor und den verschlungenen Linien der Eisenbeschläge wurden Vor- und Nachbild zu einem wichtigen Nährboden für den kommenden Jugendstil; gleichzeitig betonen sie das nationale Element bei der erhofften Erneuerung der Kunst.

140 Bemalter Schreibschrank. England, signiert von Gualbert Saunders, 1865
London, Sotheby's
Was Künstler wie Norman Shaw, William Burges (dessen Schüler G. Saunders war) oder J. P. Seddon entwarfen, mit Gemälden von D. G. Rossetti oder Holman Hunt verzierten und mit Erfolg als »medieval furniture« ausstellten, glich mehrstöckigen pseudogotischen Monumentalgebäuden.
Im Fußraum dieser Schreibarchitektur gibt es Kästen für Rechnungen und Briefe.

geleimt: Das Mailänder Museum Poldi Pezzoli bewahrt einen Schreibschrank, dessen Aufsatz das Rhombendach eines romanischen Kirchturms trägt.
Am Ende des Jahrhunderts, um 1895, entwarf Richard Riemerschmid, nachmals einer der berühmten deutschen Möbelkünstler, seine ersten Möbel nach einem genauen Studium süddeutscher und Tiroler Flachschnittvorbilder der Gotik (Abb. 139). Hier ist der Historismus bereits überschritten in der Suche nach einem das ganze Leben und die Kunst umfassenden Reformansatz, wie er schon unter William Morris propagiert wurde und wie er sich schließlich auch im Jugendstil und im Bauhaus zu verwirklichen suchte.
Denn das Zusammenschmelzen von Architektur, Malerei und Poesie zu einem neuen Kunstgewerbe für ein neues Leben hatten schon die Architekten und Künstler aus dem Freundeskreis der englischen Präraffaeliten (Rossetti, Burne-Jones, Morris, Burges, Webb) angestrebt. Bevorzugt mit Szenen aus romantischen Romanen bemalt, gibt sich das altertümliche *medieval furniture,* oft nach französischen Vorbildern des 13. Jahrhunderts gebaut, als Verkörperung der Ideale von Solidität, Solidarität und religiös motivierter Einheit von Kunst und Leben, die man im europäischen Mittelalter zu erkennen glaubte (Abb. 140).
Zumeist wurde jedoch keine übergeordnete Idee mit der Wahl historischen Möbeldekors verbunden; den vielen neuerbauten – von den Londoner Parlamentsgebäuden bis zum Schloß Neuschwanstein – und restaurierten gotischen Gebäuden wie Hohenschwangau oder Hohenzollern mußte sich auch das Mobiliar anpassen (Abb. 138). Das gleiche gilt für ein Schloß wie Herrenchiemsee, durch dessen zuckerbäckerig überladene Möbel im Stil Louis XV. (Abb. 141) sich der melancholische Bayernkönig Ludwig II. in eine ebenso idealisierte monarchische Vergangenheit hineinzuträumen gedachte wie durch die spätgotischen Möbelungetüme in Neuschwanstein.
1851 fand in London die erste Weltausstellung des Jahrhunderts statt, der noch viele weitere folgen sollten und die wie mit einem Paukenschlag den schon vorher existierenden internationalen Außenhandel auch offiziell zum Welthandel machten. Die Ausstellung, die ein bislang beispielloses industrielles Kräftemessen nicht zuletzt im Kunstgewerbe auslöste und zu ungezügelter geschmacklicher und stilistischer Promiskuität verführte, zeigte indessen die Stilvielfalt des Historismus schon auf ihrem Höhepunkt. Die Würzburger Möbelfabrikanten Stephan und Adam Barth stellten ein Schreibmöbel aus, dessen Ty-

141 Schreibtisch König Ludwigs II. in Schloß Herrenchiemsee. Rosenholz, Goldbronzen, Porzellan. München, Julius Hofmann, A. Pössenbacher, 1884 Schloß Herrenchiemsee
Theatralisches, überladenes Neurokoko für den melancholischen, rückwärtsgewandten Bayernkönig, dessen Vermächtnis nicht in politischer Leistung zu sehen ist, sondern in der Bauherrenschaft noch heute bewunderter historistischer Schlösser (Linderhof, Neuschwanstein). Mit Möbeln wie diesen gedachte sich der opernbegeisterte Wagnerbewunderer in die historische Rolle Ludwigs XV. zu versetzen.

pus von Möbeln der Renaissance abgeleitet, dessen plastisches Bildwerk und Intarsienschmuck aber den Techniken des 17. und den Themen des 18. Jahrhunderts verpflichtet war (Abb. 142). Schon 1842 hatte die gleiche Firma die verwandelte Form des barocken *bureau Mazarin* zu einem Hochzeitsgeschenk an den bayerischen Kronprinzen Maximilian vervollständigt (Abb. 143): ein Pasticcio aus zwar

142 Schreibtisch mit Aufsatz. Nußbaum, Palisander, Ebenholz. Würzburg, Stephan und Adam Barth, 1851
Nürnberg, Germanisches Nationalmuseum
In diesem für die erste Weltausstellung in London 1851 angefertigten Schreibmöbel verschmelzen Formelemente des französischen dressoir (Buffet) des 16. Jahrhunderts mit solchen der niederländischen und deutschen frühen Barockschreibtische (vgl. Abb. 31). Dekortechniken (Elfenbein- und Boullemarketerie) und Darstellungsmotive bieten einen historischen Überblick von der italienischen Renaissance bis ins hohe 18. Jahrhundert.

143 Schreibtisch in der Form eines bureau Mazarin. Palisander- und Zedernholz, Messing, Kupfer, Perlmutt, Elfenbein, Muschel und Lack
Würzburg, Adam Barth und andere, 1842
Würzburg, Mainfränkisches Museum
Das datierte und von den drei Künstlern Andreas Geist (Maler), Thomas Bauer (Graveur der Metalleinlagen) und Adam Barth (Schreiner) signierte Möbel war das Hochzeitsgeschenk der Stadt Würzburg für Kronprinz Maximilian von Bayern und Marie Friederike von Preußen; auf dieses Ereignis bezieht sich mit Szenen, Allegorien und Wappen die Dekoration von Platte und Aufsatz. Außer in den gedrechselten Spiralbeinen (vgl. Abb. 33) wird der frühbarocke französische Schreibtisch zitiert; die Boullemarketerie mit Elfenbein und Perlmutt jedoch ist, wie auch die behangartigen Lambrequins, am Rokoko orientiert.

kunstreich und kostbar gearbeiteten, aber aus den verschiedensten Bereichen von Barock und Rokoko zusammengefügten Details, überladen mit einem ikonographischen Apparat, der in weitausholender Geste Schenker und Beschenkte charakterisiert.

Geradezu spartanisch muten dagegen zwei fast gleichzeitige Schreibmöbel an, die Fürst Otto von Bismarck als preußischer Ministerpräsident und Reichskanzler benutzt haben soll (Abb. 144, 145). Auf einem Untergestell nach dem Muster eines englischen *sofa-table* ruht ein Schreibpult, das sich mittels zweier Stützensysteme in Höhe und Neigung verstellen läßt nach dem nach dem französischen Arzt Théodore Tronchin benannten Prinzip *(à la tronchin)*, das auch schon in Frankreich und von David Roentgen angewendet wurde. Dies ist prinzipiell die Wiederholung des vielseitigen Tischpultes, das seit der Renaissance in Gebrauch war; ergonomisch sinnvoll hier der Körpergröße und der bevorzugten Arbeitshaltung anzupassen. Wuchtig gegenüber diesem Winkelfiligran ist der große Schreibschrank (Abb. 145) mit Rollverschluß und zwei Schreibflächen. Die Verschlußklappe des Aufsatzes

144 Arbeitstisch. Mitte des 19. Jahrhunderts
Ehemals Berlin
Dieser nach der Überlieferung von Bismarck benutzte Arbeitstisch ist ein Kombinationsmöbel aus einem sofa-table englischer Inspiration und einem Aufsatzpult, das sich mit einem doppelten Streben- und Rastersystem mehrfach in Höhe und Schräge verstellen läßt: eine Erfindung des 18. Jahrhunderts. Kein Repräsentationsmöbel, sondern einschließlich des dazugehörigen (?) Sattelhokkers Sinnbild funktionaler Geräthaftigkeit, die dem arbeitsgewaltigen Reichskanzler gut zu Gesicht gestanden hätte.

läßt sich wie bei einem Sekretär öffnen. Trotz der geschweiften Rahmungen der Schubladenfronten und den gotisierenden Blendbögen des Aufsatzes ist das Möbel biedermeierlich in seiner flächenbetonenden Geradlinigkeit und frontalen Einansichtigkeit. Der Möbeltyp selbst ist ein Rückgriff auf die Schreibschränke des 18. Jahrhunderts, der von demselben Mangel an Innovationskraft zeugt wie das 1897 in London gekaufte kleine Aufsatzbureau der Firma Graham and Biddle, in dem die Erinnerung an das durch Sheraton aktualisierte *bureau Mazarin* sich spürbar manifestiert (Abb. 146).

Der Historismus in der Wahl bewährter historischer Möbeltypen ist

145 Schreibschrank mit Rollverschluß. Mitte des 19. Jahrhunderts
Ehemals Berlin
Der Schreibschrank Bismarcks ist kein eigentlich historistisches, sondern eher ein spätbiedermeierliches, wuchtiges Möbelstück.

146 Schreibtisch mit Aufsatz. London, Graham and Biddle, um 1897
Oslo, Kunstindustrimuseet
Über Sheraton zurück zum bureau Mazarin des 17. Jahrhunderts, ausgreifend zum Empire (Beschläge, etagèrenhafter Aufsatz) und nach Ostasien (bambusähnlich gedrechselte Beine): Hier greift eine Möbelfirma hinein ins volle Geschichtsrepertoire und baut ein elegantes, aber doch traditionelles Möbel, während zur gleichen Zeit C. R. Mackintosh aus ganz anderen historischen Eisen, bis zurück zu den Kelten, die berühmte Sonderform des englischen Jugendstils schmiedet.

auch im 20. Jahrhundert lebendig geblieben: Der englische *scriptor* vom Ende des 17. Jahrhunderts kommt etwa in einem Schreibschrank Eduard Pfeiffers von 1910 zu Ehren, das *vargueño,* bisweilen gar mit dem nachgeahmten Kufengestell, wird in Österreich (H. Gorge, um 1920), England (E. W. Gimson, 1906) oder in Deutschland (A. G. Schneck, Stuttgarter Kunstgewerbeschule, um 1920) aufgegriffen. Der Sekretär bleibt nicht nur als Schreibmöbel fortwährend in der Produktion, sondern wird auch – gleichsam als moderne Schenkschive – seit 1930 zum beliebten Barschrank umgewandelt; auch die barocken Schreibschränke hatten ja nicht ausschließlich dem Schreiben gedient. Selbstverständlich geht auch der moderne Schreibtisch auf Formfindungen des 17. und 18. Jahrhunderts zurück und tradiert auf diese Weise etwas von der Schreibgewalt des Absolutismus bis in unsere Zeit.

147 Damenschreibtisch mit Aufsatz. Mahagoni, Bronzebeschläge
Nancy, Louis Majorelle, um 1900
Hamburg, Kunsthandel Brinkama
Nancy, mit Emile Gallé die heimliche Hauptstadt des französischen floralen Art nouveau, besaß mit Majorelle einen begnadeten Möbelkünstler, der allerdings wegen seiner Ausbildung noch tief in der französischen Stilgeschichte verwurzelt war: Schnitzwerk und Beschläge der Beine, geschwungener Umriß und Asymmetrie verraten das Erbe des Rokoko.

148 Damenschreibtisch mit Aufsatz. Paris, Léon Benouville, um 1900 ▷
Hamburg, Kunsthandel Brinkama
Typisches Kleinmöbel des Pariser floralen Jugendstils – sogar Pflanzenranken und Luftwurzeln sind in den Beschlägen nachgeahmt. Der große Anreger scheint hier Gallé gewesen zu sein, obwohl sich Benouville als Architekt eher sachlicher Funktionalität verschrieben hatte.

Als seit der Mitte des 19. Jahrhunderts Kunst und Kunstgewerbe Japans das alte Europa zu überschwemmen begann, versuchten die westlichen Künstler, die faszinierende Leichtigkeit und die raffinierte Linearität des fernöstlichen Stils in das europäische Formempfinden zu integrieren. Dabei gab es so unterschiedliche Ausgangspunkte wie die rechtwinklige Geometrie der japanischen Architektur, die Siegelkultur, die ungewohnte Musterbildung japanischer Textilkunst und die artifizielle Stilisierung und Einbeziehung der gewachsenen Naturform

149 Kontor- oder Geschäftsschreibschrank. Mahagoni und andere Hölzer
Paris, Ch. Plumet und T. Selmersheim, um 1900
Hamburg, Kunsthandel Brockstedt
Zylinderbureau, eingefügt in eine mächtige symmetrische Architektur aus Schrankpodesten, von auskragenden Flügeletagèren flankierten Schubladenpfeilern und einer dazwischengespannten Vitrine: ein beeindruckend funktionales und dennoch elegantes, harmonisches Art nouveau-bureau der beiden berühmten Architekten und Möbelentwerfer.

von Felsen und Frucht, Wurzel oder Welle. Vor allem das letztere vermischt sich in Frankreich mit den noch lebendigen Traditionen des spielerischen – häufig chinoisen! – Ornaments und der koketten Asymmetrie des Rokoko. So entstehen im Stammland des Kunstmöbels unter den Händen eines Gallé, eines Benouville (Abb. 148), eines Majorelle (Abb. 147), eines Guimard – des Erbauers der berühmten Metrostationen in Paris – Schreibmöbel, die wie aus plastischem Material modelliert erscheinen; dieses Verfahren ist für einige Jugendstil-

150 Schreibtisch. Nancy, Eugène Vallin, um 1901/2
Nancy, Musée de l'Ecole de Nancy
Dynamischer Schwung erfaßt das gesamte Möbel, dem der florale Dekor nur noch begleitend aufgelegt erscheint und das in der zeitgenössischen Literatur als bureau ministre (Minister- oder Diplomatenschreibtisch) bezeichnet wird. Es scheint, als wäre es weniger aus Holz als vielmehr aus einer plastischen Masse geformt.

möbel tatsächlich nachweisbar. Appliken, Beschläge und Marketerien imitieren häufig Pflanzenteile, wobei Ranken, Wurzelverschlingungen, lappige Blätter mit Orchideenblüten bevorzugt werden. Von einer geradezu atemberaubenden Dynamik der raumumspannenden Linien ist der kunstvolle Schreibtisch von Eugène Vallin (Abb. 150), dessen Aufsatz, aus der steigenden Begrenzung der lederbezogenen Schreibplatte entwickelt, wie das Armaturenbrett eines modernen Automobils auf den Schreibenden zukommt. Nancy, zu dessen bemerkenswerten Künstlern Vallin, Majorelle und vor allem Emile Gallé gehören, war das Zentrum des besonders extravaganten floralen Art Nouveau der École de Nancy; kein anderes Kunstzentrum ist jemals freier und in der Wirkung malerischer und plastischer mit dem konstruktiven Werkstoff Holz umgegangen. Wie sich diese Stilanregung auch auf gewaltige Büro- und Kontormöbel auswirken konnte, zeigt der Schreibschrank nach dem Entwurf der Architekten Charles Plumet und Tony Selmersheim (Abb. 149): Zwischen hohen Schubladensäulen auf massiven Kastenelementen ist unter einer Vitrine ein Rollbureau eingefügt, das den Zentralnerv dieses Systemmöbels darstellt.
Wie die Schöpfer dieses Schrankes war auch der Belgier Henry van de Velde zunächst Architekt. Seinen Möbeln sieht man immer die ornamentale Umsetzung von wirksamen Kraftlinien innerhalb der konstruktiven Gesamtkonzeption an: Flache, wie auf Widerlagern ruhende Bögen stützen bei einem vielfach variierten Standardmodell Schreibplatte und Schubladenkästen (Abb. 151). Bei einem aufwendigeren Entwurf sind es lange, in stilisierten Fäusten endende Arme, die die flankierenden Regalaufsätze stützen (Abb. 152), und ellbogenartig ausholende Konsolen als Träger der Schreibeinheit. Die ornamentale abschließende Bleiverglasung wirkt wie der Querschnitt eines fliegenden Insekts und zeigt viel von der weithin extravaganten und exklusiven Haltung van de Veldes, aber auch die Variationsbreite, derer fast alle Künstler der Jugendstilepoche – je nach Auftraggeber – fähig wa-

152 Schreibtisch. Mahagoni, Bleiverglasung ▷
Brüssel, Henry van de Velde, 1899
Trondheim, Nordenfjeldske Kunstindustrimuseum
Von kräftigen Armen mit stilisierten Fäusten gestützt zu sein scheinen die offenen Regalteile, auf elastisch wirkenden Hängelagern ruht die Schreibeinheit mit zwei unteren und zwei oberen Schubladenkästen, zwischen denen eine Bleiverglasung das Arbeitslicht filtert: Beweis für die reiche Erfindungsgabe des Jugendstilmeisters.

151 Schreibtisch. Eiche. Brüssel, Henry van de Velde, um 1898/99
Köln, Kunstgewerbemuseum
Der belgische Jugendstilkünstler, später Leiter der Kunstgewerbeschule in Weimar und Mitbegründer des Deutschen Werkbundes, war berühmter Spezialist gerade für eindrucksvolle Schreibtische. Erfindungsreich und einfühlsam sind die Fußkufen des leicht um den daran Sitzenden geschwungenen Möbels über Biegungen und Faltungen aus den äußeren Stollen entwickelt; das Ornament der Tischzarge scheint wie eine die Kraftlinien symbolisierende, in Widerlagern ruhende Brücke die Tischplatte zu tragen. Dasselbe Möbel wurde etwa auch mit großen offenen seitlichen Regalfächern und einer viel größeren Platte geliefert (Nürnberg, Germanisches Nationalmuseum).

ren. So entwirft Joseph Olbrich als Ehrengeschenk der deutschen Aussteller der Weltausstellung von 1904 (St. Louis) an den Reichskommissar (Professor Th. Lewald) ein von den symbolischen Statuetten Amerikas und Deutschlands gekröntes Schreib-Monument mit prächtigem, wie von Klimt entworfenem Dekor (Abb. 153).
1907 besticht der gleiche Möbelkünstler mit einem dem Klassizismus nachempfundenen (vergleiche Abb. 92), überaus zierlichen nierenförmigen Schreibtisch auf sechs höchst schlanken Beinen (Abb. 154). Aus einer genialen Kurvenkonstruktion ist der Schreibtisch des Italieners Carlo Zen (Abb. 156) entwickelt – Inbegriff des fast körperlosen

153 Großer Schreibtisch mit Aufsatz. Entwurf J. M. Olbrich, 1903/4
Als Ehrengeschenk der deutschen Aussteller an den Reichskommissar der Weltausstellung von 1904 (St. Louis) entworfen, repräsentiert dieser Tisch, überreich mit Ornamenten des geometrischen Jugendstils überzogen, den Typ des wahrhaft herrschaftlichen, die Schriftgewalt symbolisierenden Schreibtisches in der Tradition königlicher Machtdemonstration.

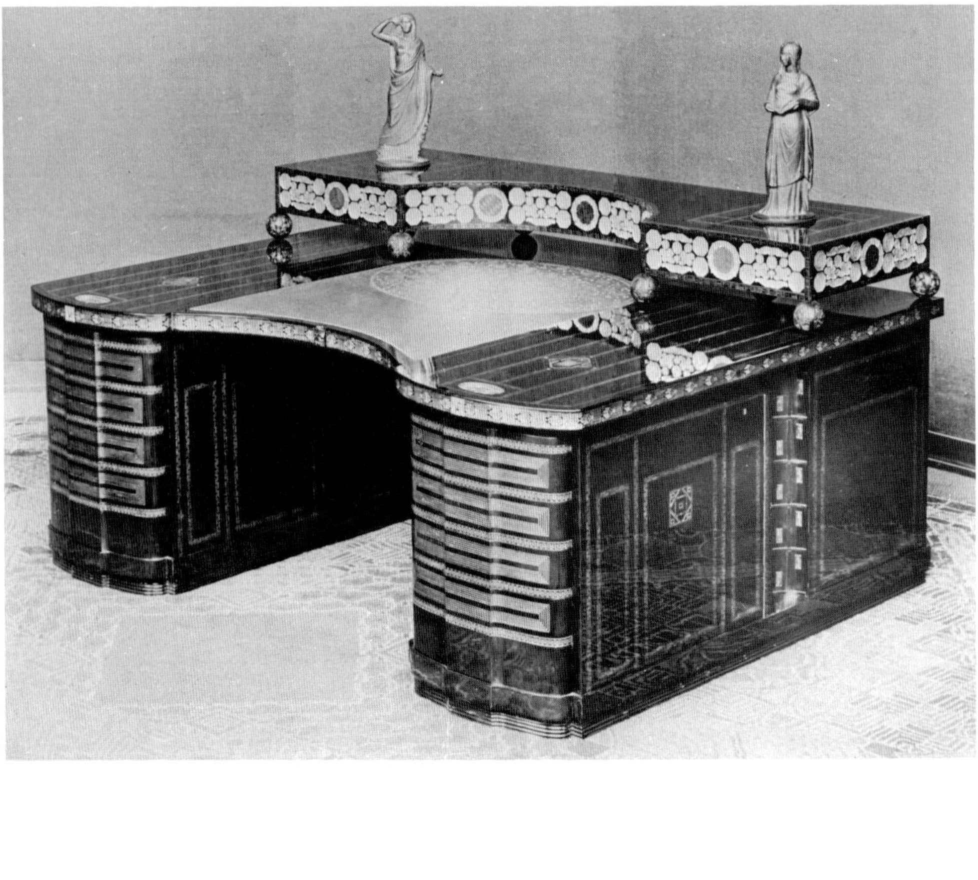

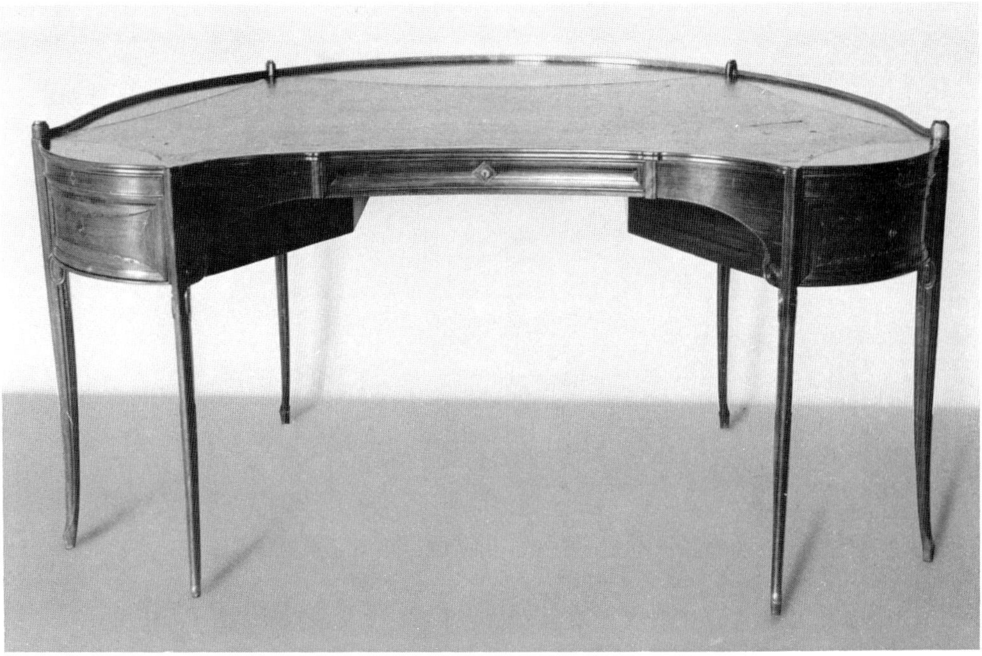

154 Schreibtisch. Macassarholz und Leder
Darmstadt, Entwurf Joseph Olbrich, Ausführung J. Glückert, 1907
Dortmund, Museum für Kunst- und Kulturgeschichte
Zeitlos fast wie der nierenförmige Tisch eines Klinkerfuß (vgl. Abb. 92), bezieht sich dieses beinahe schwerelos wirkende Möbel auch im Standmotiv der Beine und im zarten Dekor auf Formvorbilder des späten 18. Jahrhunderts.

Jugendstilmöbels, ein *bonheur du jour,* ein Glück des Tages schon beim Ansehen dieses dem Liberty-Stil verwandten Stückes.
Ähnliches gilt für das »befrackte« Schreibmöbel des Deutschen Bernhard Pankok, das 1901 in Dresden ausgestellt war (Abb. 160). In beeindruckender Weise spielt Pankok mit einer dekorativen Kombination von Winkeln und Techniken: fächerartig sind die Neigungswinkel von frackschoßartigen hinteren Füßen, unterer Ablageplatte, Schubladeneinheit, Schreibfläche und Aufsatz aufeinander bezogen, malerisch ist die Gegenüberstellung der Musterintarsien der Innenfläche mit den floral geschnitzten vorderen Möbelfüßen. Das Möbel ist ein Kunstwerk geworden, zum ersten Mal seit der Zeit der großen Ebenisten des 18. Jahrhunderts.
Unternehmer, Maschinen, gedankenlose Fledderei historischer Stilformen hatten die Möbelkunst in den Augen der Reformer und Kunst-

155 Schreibschrank. Ahorn, Neusilber, Stuck. Wien (?), Entwurf von Charles Rennie Mackintosh, 1901
Wien, Österreichisches Museum für angewandte Kunst
Tränenvergießende Rosen und stilisierte Frauengestalten in Rosengärten sind das dekorative Thema dieses ungewöhnlichen Schreibmöbels nach dem Entwurf des berühmtesten englischen Jugendstildesigners, der gerade in Österreich einen ungeheuren stilistischen Einfluß ausgeübt hat, seit die Wiener Sezession 1900 sein Werk vorgestellt hatte.

gewerbler absinken lassen; viele ehemalige Maler, Architekten und Bildhauer fühlen sich dagegen mit missionarischem Eifer zur Rettung der Kunst im Gewerbe berufen, wie Julius Meier-Graefe bald schon abschätzig bemerkt. Aber aus solchen Reformbestrebungen war in England die *Arts and Crafts-Bewegung* entstanden; Arthur H. Mackmurdo, E. William Godwin und Charles F. A. Voysey entwarfen seit 1860 Schreibmöbel, die in ihren absichtlich sichtbar gelassenen konstruktiven Details nicht nur eine neuartige, an mittelalterlichen Vor-

156 Kleiner Schreibtisch. Italien, Carlo Zen, um 1902
New York, Cooper-Hewitt-Museum, The Smithsonian Institution's National Museum of Design
Aus einer genialen Kurvenkonstruktion entwickelt, ist dieses mit feinsten Ranken aus Metall und Blüten aus Perlmutt eingelegte Kunstwerk ein würdiger Nachfolger des bonheur du jour für die Belle Époque.

bildern orientierte handwerkliche Ethik zum Ausdruck bringen, sondern auch die Begeisterung für das streng gegliederte System japanischer Architektur *(anglo-japanese style).* Eine großartige Synthese all dieser verschiedenen Stilanregungen, zu denen auch noch die Anklänge an die keltische Kunst traten, gelang dem Schotten Charles Rennie Mackintosh, dessen graphische, dennoch überaus elegante Version des englischen Jugendstils (Abb. 155) in Europa, vor allem aber in Österreich auf viele Kunstgewerbeschaffende äußerst befruchtend einwirkte.

In der österreichischen Hauptstadt führte das Beispiel der englischen Handwerker- und Künstlergemeinschaften (Century guild, 1882; Morris, Marshall, Faulkner & Co., 1861) im Jahre 1903 zur Gründung der Wiener Werkstätte, für die Koloman Moser (Abb. 157) und Josef Hoffmann (Abb. 158) eine Reihe von außergewöhnlichen Möbeln entwarfen. Solche Schreibmöbel von imponierender kubischer Klar-

157 Sekretär mit einschiebbarem Sitzmöbel. Verschiedene Ebenhölzer, Mahagoni, Elfenbein und Schildpatt Wien (Wiener Werkstätte), Koloman Moser, 1903/04
Wien, Österreichisches Museum für angewandte Kunst
Kubische Grundform und geometrischer Dekor charakterisieren Wiener Jugendstilmöbel. Trotz der Übernahme des biedermeierlichen Möbeltyps bezeichnet das Möbel eine Abkehr von allen bislang gekannten Form- und Dekorschemata.

158 Kleiner Schreibtisch mit Aufsatz. Schwarz gebeiztes Eichenholz Wien (Wiener Werkstätte), Josef Hoffmann, 1905
Wien, Österreichisches Museum für angewandte Kunst
Konsequenter noch als Mackmurdo zwanzig Jahre früher führt Hoffmann sein Möbel vom Typ des bonheur du jour, von allen historischen Reminiszenzen befreit, auf die reine geometrische Grundform von Stab, Kasten und Fläche zurück. Der Tisch, der in ähnlicher Form auch in gebogenem Holz ausgeführt worden ist (ohne Aufsatz), muß als einer der Ahnen aktuellen Designmobiliars angesehen werden.

heit im Aufbau und geometrisch-graphischer, betonter Linearität sind Teil der Kunst, die als Inbegriff des Wiener Jugendstils gilt; in ihrem klaren, schmucklosen Aufbau (Abb. 161) und ihrer konstruktiven Logik sind sie auch von großer Bedeutung für moderne Möbel schlechthin und als gestalterische Vorbilder noch heute wirksam.

159 Fünf Schreiber in einem Handelskontor. Stockholm, um 1920
Foto Stockholm, Nordiska Museet
Am hohen Doppelpulttisch wird mittels hoher Drehstühle und Fußschemel gesessen; die hohen Schubladenpfeiler signalisieren ordnende Buchhaltertätigkeit. Am zweiseitig benutzbaren Schreibtisch wird korrespondiert, kontrolliert und gewogen. Am hohen Schreibtisch mit schräger Fläche, vor der eindrucksvollen Front der Geschäftsbücher im Hintergrund, erledigt ein Angestellter vermutlich die Registratur. Nur das Telefon ist ein neues Element innerhalb der Arbeitsabläufe, die schon aus der Zeit der großen Kaufleute der frühen Neuzeit bekannt sind.

160 Schreibtisch. Mahagoni, Kirsche und verschiedene andere Hölzer
Bernhard Pankok, 1900/01
Berlin, Kunsthandel Geitel
Das Schreibmöbel im Frack: Eleganter Besucher in einem feinen Damenzimmer, für das es der Mitbegründer der Vereinigten Werkstätten für Kunst und Handwerk München (1897) entworfen hatte. Durch seine Gestaltungsmittel wird es zu einem reinen Künstlermöbel: gegenläufige Winkelkombinationen, Musterintarsie und florales Schnitzwerk.

161 Schreibtisch mit Stuhl und Ablagekasten. Josef Hoffmann, um 1912
Köln, Kunstgewerbemuseum
Gekerbte Plattenkanten und Sockelzargen: Das ansonsten völlig schmucklose Schreibmöbel ist eines der beeindruckenden Beispiele für frühe Sachlichkeit.

Allerdings hat es neben diesen Kunstmöbeln auch das Schreibmobiliar der Büros und Handelskontore gegeben, das in nahezu unveränderter Form als Erbe des frühen 19. Jahrhunderts bis weit ins 20. Jahrhundert überdauerte (Abb. 159) und das zeitgenössischen Schriftstellern wie Kafka, Dickens, Freytag oder Zola als Abfolge von nach funktionalen und hierarchischen Ansprüchen gestaffelten Tischtypen geläufig war. Noch wiederholt sich die Arbeitsweise, die mit den verschiedenen Geschäfts- und Rechnungsbüchern, Ablagen von Ein- und Ausgängen und der Münzwaage schon an mittelalterlichen Zahltischen und Tischpulten geübt wurde. Die Funktion der wichtigen Boten hat bereits das Telefon übernommen, aber die Schreibmaschine hat sich hier, um 1920, noch nicht allenthalben durchgesetzt. Wenige Jahre später wird es Großraumbüros, Schreibmaschinen und eine weit differenziertere Buchhaltung geben.

Werkbund und Bauhaus, Art déco und Design

Das herausragende Ereignis des neuen Jahrhunderts war die Gründung des Deutschen Werkbundes (1907). Künstler wie Peter Behrens, Josef Hoffmann, Bruno Paul, Richard Riemerschmid oder Joseph Olbrich waren, an der Seite renommierter Firmen wie den Deutschen Werkstätten für Handwerkskunst Dresden, der Wiener Werkstätte oder den Vereinigten Werkstätten für Kunst und Handwerk München, angetreten zur »Veredelung der gewerblichen Arbeit« und zum »Zusammenschluß von Kunst, Industrie und Handwerk« als Korrektiv einer ausschließlich profitorientierten Produktion. Die Werkbund-Idee faßte mit dem Ziel der nationalen Gewerbeförderung die wesentlichen Elemente der vorangegangenen Reformbestrebungen zusammen, war aber bis zum Ersten Weltkrieg nur in äußerst begrenztem Umfang praktisch wirksam.

Von ungleich größerem Einfluß war das 1919 von Walter Gropius in Weimar gegründete, ab 1925 in Dessau ansässige Bauhaus, das mit einer Vielzahl von bedeutenden Architekten, bildenden Künstlern und Handwerkern die Möglichkeiten der Synthese von künstlerischer Form, zweckdienlicher Gestaltung und qualitativ anspruchsvoller industrieller Fertigung systematisch und kreativ erforschte und in eigenen Werkstätten exemplarische Prototypen fertigte.

Der Architekt Marcel Breuer wurde der überragende Möbelkünstler in Weimar und Dessau. Sein 1923 entstandener Schreibtisch (Abb. 162) besteht aus einem klar gegliederten, sichtbaren konstruktiven Gerüst, in das die Schubladen eingeschoben sind und auf dem die Schreibplatte aufliegt. Zum Wesen der Bauhaus-Entwürfe sollte immer auch die Möglichkeit der industriellen Fertigung gehören; hier soll nicht der kongeniale Meisterschreiner gefragt sein, sondern eine solide Materialliste und ein Bauplan, nach dem bei der Vervielfältigung gearbeitet werden kann. Wegen der großen innovativen Kraft, die das Bauhaus nicht nur kurzfristig, sondern auch mit bis heute wirksamer Intensität entfaltete, war seine Wirkung auf die wichtigen Möbelmanufakturen

162 Schreibtisch. Weimar, Bauhaus, Marcel Breuer, um 1923/24
Nicht Ästhetik war Planziel der Bauhausmöbel, sondern die aus Erfüllung und Ablesbarkeit der Funktion und materialgerechter Verarbeitung entstehende gute Form. Nicht ohne Grund waren es vielfach Architekten, wie der überragende Marcel Breuer, und nicht Schreiner, die den Sinn für die auch hier erkennbare Konstruktivität entwickelten.

beträchtlich. So erschienen bald Möbel nach den Entwürfen Breuers oder allgemein im Bauhaus-Stil in größerer Zahl. Zu ihnen gehört der abgebildete Stahlrohrschreibtisch (Abb. 163), dessen linienhaft klare Rohrführung die Tischplatte begleitet und die Schubladeneinheit umschließt.

Trotz aller theoretischen Verlautbarungen von Bauhauskünstlern war es nicht die Funktionalität allein, die die Möbelgestaltung bestimmte. Vielmehr war es die Entwicklung eines echten Kunststiles, der sowohl

163

164

165 Schreibtisch. Birkenholz. Oslo, Finn Bryn, 1938; ausgeführt von A. Lørup, 1940
Oslo, Kunstindustrimuseet
Klassisches Architektenmöbel: Im Winkel der L-förmig geknickten schweren Platte hängt der Schubladenblock, das freie Ende wird von zwei schlichten Stäben gestützt. Links als optischer Ausgleich ein freischwebendes, drehbares Ablagefach. Ein Werk in der seit den Leistungen des Bauhauses internationalen Sprache des Funktionalismus im Möbelbau.

◁
163 Stahlrohrschreibtisch. M. Breuer oder unter dem Einfluß des Bauhauses, um 1925/30
Köln, Kunstgewerbemuseum
Graphisch klare, logische Linienführung, schnörkellose Formen und Flächen gehören zu den besten Eigenschaften, die das Bauhaus vermittelt hat. Hier wird dies durch das verchromte Stahlrohr erreicht, das in den zwanziger Jahren den Möbelbau revolutionierte.

◁
164 Schranksekretär. Weimar oder Halle, Erich Dieckmann, um 1930
Köln, Kunstgewerbemuseum
Prinzipien der Architektur werden bei der Aufteilung der Flächen und der Gliederung und Durchdringung von Raumkörpern wirksam, wie es hier die rasterartige Fächer- oder Türteilung sowie das Ineinanderstellen von hellem Schrank- und dunkelgerahmtem Sekretärteil vor Augen führt.

dem Kubismus und Konstruktivismus der bildenden Kunst (Picasso, Mondrian) als auch der neuen Architektur sein Wesen verdankte. Diese Wesensart bestand in der sichtbaren und logischen Verknüpfung der einzelnen zugehörigen Teile, der architektonischen Gliederung und Durchdringung der Körper und der Betonung der zugrundeliegenden elementaren Stereometrie von einfachen Raumkörpern. All diese Grundsätze sind an einem Schreibsekretär von Erich Dieckmann verwirklicht (Abb. 164), der in seiner zeitlosen Form eine wahrhaft moderne Leistung darstellt. Wie sehr die Bauhaus-Ideen im Laufe der Zeit europäisches Allgemeingut wurden, wie sehr nicht nur handwerkliche Vorstellungen, sondern architektonisch-konstruktive Ideen darin verwirklicht wurden, zeigt der Schreibtischentwurf des norwegischen Architekten Finn Bryn aus dem Jahre 1938 (Abb. 165). Zwei rechtwinklig zueinander gestellte Platten werden in ihrer Verbindungslinie durch einen massiven Schubladenblock versteift; den Ausgleich zu den äußeren pfostenartigen Stützfüßen schafft das gegenüberliegende kleine schwenkbare Kastenelement. Ein in Konstruktion und Proportion gleichermaßen erstaunliches Möbel, das als einer der direkten Ahnen unseres aktuellen Designmobiliars angesprochen werden muß.

Solche Einzelstücke sind allerdings auch vor dem Hintergrund der starken Unterströmung einer Entwicklung von allereinfachsten, aber funktionalen und formal logisch entwickelten Gebrauchs- und Serienmöbeln zu sehen, die von den Forschungen des Bauhauses und den Anforderungen des sozial geprägten Neuen Bauens und der dazugehörigen Einrichtung gespeist wurde (F. Kramer in Stuttgart, A. G. Schneck für Deutsche Werkstätten Hellerau und andere). Sie gerieten so zeitlos und in der Praxis so überzeugend, zum Beispiel durch Anbau- und Kombinationssysteme, daß sie als Vorbilder noch nach 1945 Gültigkeit besaßen und auch eine Vielzahl noch heute produzierter schlichter Arbeitsschreibmöbel prägen.

In Frankreich blieb das Mobiliar noch lange historischen Typ- und Ornamentvorbildern verpflichtet trotz der Bemühungen der Union Centrale des Arts Décoratifs und der 1901 gegründeten Société des Artistes Décorateurs, von Historismus und Art nouveau der Belle Époque zu einer Kultur des preiswerten, funktionalen, ja demokratischen Möbels zu gelangen. Schon kurz nach der Jahrhundertwende waren in Paris die ersten Mietshäuser mit Sozialwohnungen errichtet worden. Entsprechend konnte auch das dafür konzipierte Möbel nicht ausblei-

166 Secrétaire à abattant – Sekretär. Ebenholz (Amboyna), Elfenbein
Paris, Emile-Jacques Ruhlmann, um 1920
Paris, Musée des arts décoratifs
Überfeinerte Eleganz, wertvollstes Material und perfekte Verarbeitung kennzeichnen die Luxusmöbel des Hoftischlers der besseren Gesellschaft des französischen Art déco. Der »Riesener des 20. Jahrhunderts« hat das Möbel des Rokoko in ein raffiniertes neues Gewand gekleidet.

ben, wie es auch tatsächlich etwa von Francis Jourdain seit 1912 in seinen Ateliers Modernes hergestellt wurde: schlichte Brett- und Stollenkonstruktionen, die auf jedes Ornament verzichten.

Neben solchen erstaunlich modern und zeitlos wirkenden Arbeiten geht die Suche nach einem nationalen Stil weiter, der das französische Handwerk – stereotyp in nahezu allen europäischen Ländern geäußertes Argument – gegenüber dem Ausland konkurrenzfähig machen sollte. Nach mehrfachem Anlauf gelingt 1925 das internationale Ausstellungsvorhaben – aus politischen und wirtschaftlichen Gründen bleibt lediglich Deutschland fern – das dem neuentwickelten Stil seinen Namen geben sollte: Art déco – als Kürzel für »Exposition Internationale des Arts Décoratifs et Industriels Modernes« – führt das gehobene Schreibmobiliar als staunenswerte Neuinterpretation der vornehmlich barocken Möbeltypen vor Augen.

Das Metropolitan Museum in New York besitzt einen Schreibtisch der Compagnie des Arts Français von Louis Süe und André Mare, der, in höchster handwerklicher Perfektion und in für den neuen Stil typischer Glättung aller Flächen, Verschleifung der Kanten und Monumentalisierung des Ornamentes (Tischbeine in Form von Kelchblättern) die frühbarocke Version des *bureau plat* zitiert.

Emile-Jacques Ruhlmann, vielsagend als der Riesener des 20. Jahrhunderts apostrophiert, verwendet auf seine raffiniert proportionierten und elegant gezeichneten klassizistischen Möbeltypen – *bureau plat, secrétaire à abattant* – einen Fanatismus der handwerklichen und künstlerischen Qualität, die einem Hofebenisten des 18. Jahrhunderts sehr gut angestanden hätte (Abb. 166). Paul Follot, Armand Rateau und Pierre Chareau sind andere Künstler der Zeit, die sich auf bisweilen ungewöhnliche Weise mit den traditionellen französischen Schreibmöbeln auseinandergesetzt haben.

Aber auch die Saat des schlichten und funktionalen Möbels sollte Früchte tragen. Die 1931 gegründete Union des Artistes Modernes vereinte Künstler wie René Herbst, Robert Mallet-Stevens, Raymond Templier oder, mit neuen Ansätzen, Pierre Chareau. Hier sind es die Ideen etwa des Esprit nouveau von Le Corbusier und zunehmend die des erbfeindlich deutschen Bauhauses, die in Stahlrohrmöbeln und kompromißlos stilisierten, wenn auch nicht ausschließlich funktionalen Zweckmöbeln zum Ausdruck kommen. Tatsächlich war es die Verwendung von Stahlrohr und Formteilen aus Metall, die, darin nicht unwesentlich von der großen Herstellerfirma Thonet unterstützt, bald in fast allen Ländern den Möbelbau in entscheidender Weise revolutionierte. Auch die Gesellschaft selbst hatte sich ja nach dem Ersten Weltkrieg, teilweise unter revolutionären Erschütterungen, grundlegend neu strukturiert. Sozialwohnungen werden kleiner gebaut, Arbeitsräume effektiver organisiert. Für das eine wird später etwa die Schreibplatte in Anbauregalen entwickelt werden, für das andere der greifräumlich und ablagetechnisch rationalisierte, ergonomisch ausgeklügelte Büroschreibtisch.

In England war es nach den weltwirtschaftlichen Krisen ausgerechnet der Zweite Weltkrieg, der mit dem amtlich aufoktroyierten *Utility program* (1941) dem kompromißlos funktionalen und sparsam mit

167 Schreibtisch mit angehängten Schubladenkästen. Entwurf Herbert Hirche, 1967
Chefschreibtisch aus dem Möbelsystem »Top« der Firma Holzäpfel KG: An das Aluminiumgestell mit den gespreizten Fußteilen angehängt sind die schwebenden Schubladenkästen, aus der ausladenden großen Platte lassen sich Ablagen ziehen. Deutlich wird der Versuch, die große Leistungsfähigkeit neuer Materialien und Verbindungen auch ästhetisch wirksam werden zu lassen.

einheimischen Materialien fabrizierten Zweckmöbel (wichtiger Berater und Entwerfer ist hier Gordon Russell) zum Durchbruch verhalf.
Während in Deutschland die Entwicklung zeitgemäßer und funktionaler Möbel 1933 mit der Schließung des Bauhauses unterbrochen wurde, entwickelte sich seit den letzten Kriegsjahren in Skandinavien durch die Leistungen von Künstlern wie Alvar Aalto oder Borge Møgensen ein in Europa überaus positiv aufgenommener, sachlich und handwerklich ausgereifter Möbelstil, dessen ästhetisch noch immer befriedigenden Schreibmöbeltypen bis heute produziert werden.
Wirtschaftliche Engpässe der Vorkriegszeit, Verknappung von Kapital und Material im Krieg hatten in weiten Teilen Europas das Möbel von ornamentalen und stilistischen Zöpfen befreit, hatten es zwangsweise purifiziert. Nach dem Krieg knüpfte man an die zeitlosen Entwürfe des Bauhauses (Mies van der Rohe, Gropius, Breuer) an und übernahm Entwürfe amerikanischer (Eames) oder in Amerika ausgebildeter Künstler (E. Saarinen) und beschritt damit den Weg zum Design-Möbel unserer Zeit.

Aus dem Zwang zur optimalen Funktionstüchtigkeit, durch die Suche nach origineller Form und durch das Experiment mit neuartigen technischen Möglichkeiten, vor allem elastischen oder besonders verwindungssteifen Verbindungen und Materialien (Schichtholzverleimung, glasfaserverstärkte Kunststoffe, Glas und andere) hat sich bis heute eine völlig neue Möbelkultur entwickelt. Stellvertretend dafür sollen hier zwei Beispiele angeführt werden. Dem kantigen Schreibtisch von Herbert Hirche (Abb. 167), 1967 als Chefschreibtisch für das »Top«-Büromöbelprogramm entworfen, merkt man deutlich die Orientierung an bereits bewährten Details an: Metallfüße wie aus dem Repertoire von Arne Jacobsen oder Charles Eames, Schubladeneinheiten, Container, wie sie schon an Breuers Stahlrohrschreibtischen Verwendung fanden (vergleiche Abb. 163). Aus demselben Jahr stammt der Entwurf von Sven-Kai Larsen und Lars Liljeqvist zum *Round Office* (Abb. 168), einem Schreibmöbelprogramm, das in der ergonomisch optimalen Leibzentrierung des viertel- oder halbrunden Tisches Rationalisierungsideen der frühen Fünfziger Jahre aufgreift und trotzdem individuelle Gestaltungsmerkmale besitzt. Beide Möbelstücke beruhen auf der Ensembleidee: Wie die Schreibtische des 18. Jahrhunderts können sie mit einem Aktenschrank, dem *cartonnier*, kombiniert werden, aber ebenso mit einer Fernschreiber- oder Computereinheit, die in entsprechende Beistellmöbel oder Kreisabschnitte des *Round Office* integriert wird. Trotz all dieser funktionalen Aspekte sind beides keine reinen Arbeitstische, sondern ausgesprochen repräsentative, herrschaftliche Schreibtische, die den Gebrauchswert zwar besitzen, aber nicht aus ihm bestehen. Beide Tische greifen mit großer Gebärde in den Raum, beanspruchen respektheischend eine angemessen proportionierte Umgebung. Sie sind nicht für Verwaltungsbüros gemacht, sondern für die wirtschaftlichen Souveräne, für die Ästheten unserer Zeit. Gegenüber den funktionalen und überall geläufigen Gebrauchsschreibtischen eignet den Entwürfen von Hirche und Larsen-Liljeqvist – wie auch denen vieler anderer aktueller Künstler – gleichzeitig etwas Zeitgebundenes und Zeitlos-Zukunftweisendes; sie gehören zu den herrschaftlichen Antiquitäten von morgen, die sich schon jetzt würdig der Reihe der großen Schreibmöbel seit dem gotischen Tisch des Abtes von Kloster Wettingen anschließen. Denn noch immer gilt die Aussage aller Schreibmöbel der betrachteten europäischen Geschichte: Schreiben, das Festhalten mehr oder minder komplexer, gedanklicher und abstrakter Inhalte bleibt ein Sonderfall menschlicher Tätigkeit und Befähigung, dem das Schreibmöbel immer wieder und auf immer neue

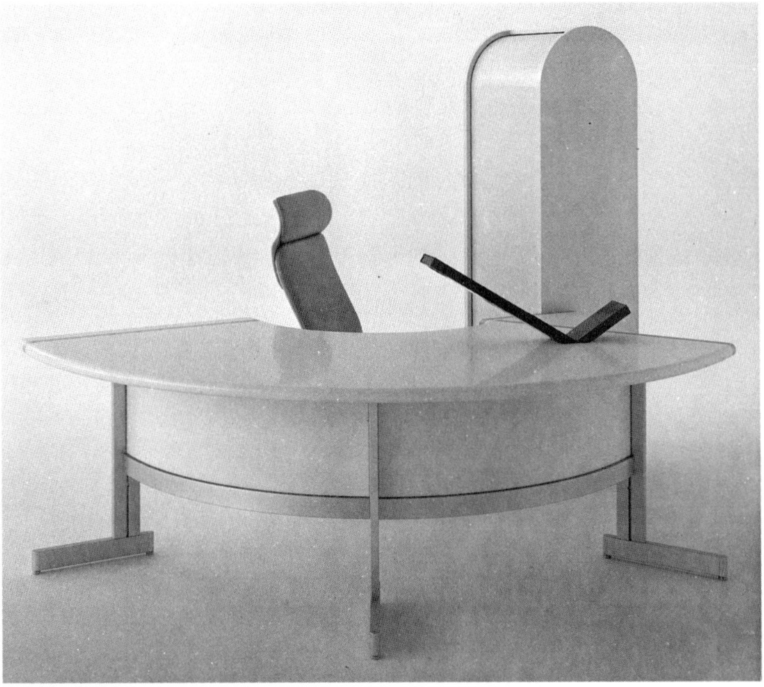

168 Round Office. Schweden, Sven-Kai Larsen, Lars Liljeqvist, 1967, produziert seit 1976
Örebro, Round Office AB
Viertelkreiselement des Kombinationssystems »Round Office«, das sich beliebig – auch durch Spezialeinheiten für Fernschreiber oder Computer – ergänzen läßt. Wie die herrschaftlichen Möbel des 18. Jahrhunderts hat auch dieses vehement raumgreifende, ästhetisch hochwertige Schreibmöbel seinen Ablageschrank (cartonnier) bei sich. Dieses zeitlose Möbel wird eines Tages ohne Zweifel eine gesuchte Antiquität sein.

Weise Ausdruck verleiht. »Genaugenommen«, hat aber Le Corbusier 1924 auch provokativ gesagt, »sind die Erzeugnisse des Kunstgewerbes Handwerkszeug, und zwar schönes Handwerkszeug«. Gerade in der Kunstgeschichte des Schreibmöbels hat diese Aussage seit jeher Gültigkeit gehabt und wird sich – allen neuen Medien der Schreibkultur und Textverarbeitung zum Trotz – weiterhin bewahrheiten. Ein Blick auf die aktuelle Kunst des Schreibmöbels bestätigt dies in überzeugender Weise.

Literatur

Schreibmöbel

Aguiló, M. P.: En torno al bargueño, in: Antiquaria 12, 1984
Arens, F.: Meisterrisse und Möbel der Mainzer Schreiner, Mainz 1955
Bernasconi, J. R.: The English desk and bookcase, Reading 1981
Bourne, J.: A newly discovered French royal cabinet, in: Apollo 234, 1981
Boutheny, A.: Evolution du secrétaire à cylindre d'Oeben à Riesener, in: Etudes sur le 18e siècle 1, Brüssel 1974
Brachert, T.: Ein Schreibschrank um 1775 von David Roentgen, in: Maltechnik 4, 1979
Broglie, A. de: Louis XV., son bureau rouge, in: Connaissance des Arts 230, 1971
Buckland, F.: A group of bureaux plats and the royal inventories, in: Furniture History 8, London 1972
Burckardt, M.: Meubles à écrire, Paris 1974
Burger, G.: Die südwestdeutschen Stadtschreiber im Mittelalter, Böblingen 1960
Christiani, F. J.: Schreibmöbelentwürfe zu Meisterstücken Braunschweiger Tischler aus der ersten Hälfte des 19. Jahrhunderts, Braunschweig 1979
Cousland, C. W.: A study in desks, in: Art & Antiques Weekly 8, 9, 1979
Dewiel, L. L.: Tische und Schreibmöbel, München 1983
Fabian, D.: Die Entwicklung der Roentgen-Schreibmöbel, Bad Neustadt 1982
Falck, P.: Två signerade provinsmöbler (Sekretär, Bureau), in: Fataburen 80
Fritz, H.-J.: Menschen in Büroarbeitsräumen, München 1982
Gilbert, C.: An exceptional bureau-plat by BVRB, in: Leonardo 73, 1973
Gloag, J.: Design for correspondence, in: Connoisseur 191, 1976, 767
Göres, B.: Ein Rollschreibtisch von J. H. Riesener im Berliner Kunstgewerbemuseum, in: Forschungen und Berichte 17, 1976
Haase, G.: Zur Entwicklung des Schreibschrankes zwischen 1725 und 1735 in Dresden, in: Dresdener Kunstblätter 5, 1977
Hughes, G. B.: Development of the Davenport, in: Country Life 150, 1971
Joy, E. T.: Louis XV black lacquer bureau, in: Connoisseur 180, 1972
Ketchum, W. C.: Chests, cupboards, desks & other pieces, New York 1982
Morant, H.: L'écriture, Angers 1961
Munk, Z./Kružić Uchytil, V.: Kabinetski ormarići, Zagreb 1979
Ormond, L.: Writing, London 1981
Poznić, Z.: Kabinetski ormarići (Les bureaux), Zagreb 1977
Royaume du bureau, Paris 1984

Walkling, G.: Davenport desks, in: Connoisseur 204, 1980, 823
Winkelmeyer, D., Wege zur Wahrheit: Ein gefälschter Mahagoni-Sektretär, angeblich Sekretär George II, um 1750, in: Weltkunst 17, 1982

Conseil aux acheteurs: secrétaires Louis XV, l'habillage fait le prix, in: Connaissance des Arts 237, 1971
German baroque pedestal secretaire writing table, in: Connoisseur 176, 1971, 707
Secrétaires Louis XVI, demande constante, in: Connaissance des Arts 266, 119, 1974
Un petit bureau de grande allure: le Mazarin, in: Connaissance des Arts 260, 157, 1973

Allgemein

Agius, P.: British furniture, 1880–1915, Woodbridge 1978
Alcouffe, D.: Restauration du mobilier, Paris 1976
Andouy, A./Thivet, G.: Terminologie de l'ameublement, Rodez 1974
Andrews, J./Ehret, G.: Englische Möbel, München 1980
Appuhn, H.: Möbel aus fünf Jahrhunderten, Dortmund 1969
Apra, N.: Empire Styles, London 1972
Art at Auction, Sotheby's, London, Jahrgangsbände
Aslin, E.: Nineteenth Century English Furniture, London 1962
Austen, B.: Englische Möbel im Lauf der Jahrhunderte, München 1975
Bahns, J.: Biedermeiermöbel, München 1979
Bauer, M./Märker, P./Ohm, A.: Europäische Möbel von der Gotik bis zum Jugendstil, Museum für Kunsthandwerk, Frankfurt 1976
Behal, V. J.: Möbel des Jugendstils, Sammlung des Österreichischen Museums für angewandte Kunst, Wien 1981
Bonet Correa, A. (Hrsg.): Historia de las Artes Aplicadas e Industriales en España, Madrid 1982
Brauch, M.: Kleinmöbel, München 1979
Brosio, V.: Lo Stile Liberty, Mailand 1967
Brummer, H.: Die Kunstschätze der Münchner Residenz, München 1977
Brunt, A.: Phaidon guide to furniture, Oxford 1978
Cito Filomarino, A. M.: L'ottocento, i mobili del tempo dei nonni, Mailand 1969
Colombo, S.: L'arte del mobile in Italia, Mailand 1975
Duncan, A.: Art Nouveau furniture, New York 1982
Eames, P.: Furniture in England, France and the Netherlands from the twelfth to the fifteenth century, Furniture History, 1977
Falke, O. v.: Deutsche Möbel des Mittelalters und der Renaissance, Stuttgart 1924
Feduchi, L.: Historia de los estilos del mueble español, Madrid 1973
Feulner, A./Alfter, D.: Kunstgeschichte des Möbels, Frankfurt, Berlin, Wien 1980

Garner, P.: Möbel des 20. Jahrhunderts, München 1980
Gauthier, J. S.: La connaissance du style dans le mobilier, Paris 1977
Gonzales Palacios, A.: Dal Direttorio all'Impero, Mailand 1966
Gonzales Palacios, A.: I mobili nei secoli, Mailand 1969
Gonzales Palacios, A.: Muebles de arte, Barcelona 1975
Greber, J. M.: Abraham und David Roentgen. Möbel für Europa, Band I/II, Starnberg 1980
Gulbenkian Museum, Katalog, Lissabon 1982
Haase, G.: Dresdener Möbel des 18. Jahrhunderts, Leipzig 1983
Hansmann, W.: Kontor und Kaufmann in alter Zeit, Düsseldorf 1962
Hardendorff Burr, G.: Hispanic Furniture, New York 1964
Hatje, G./Kaspar, E. (Hrsg.): Neue Möbel, Stuttgart 1969
Hayward, C. H.: Englische Möbel. Echt-kopiert-gefälscht, München 1980
Himmelheber, G.: Biedermeiermöbel, Düsseldorf 1973
Honour, H.: Meister der Möbelkunst, München 1972
Huth, H.: Lacquer of the West, London 1971
Joy, E. T.: English furniture 1800–1851, London 1977
Kaesz, G.: Möbelstile, Leipzig 1974
Kjellberg, P.: Le mobilier français, Band I/II, Paris 1978/80
Klatt, E.: Die Konstruktion alter Möbel, Stuttgart 1973
Kreisel, H./Himmelheber, G.: Die Kunst des deutschen Möbels, Band I–III, München 1968–73
Kühn, H.: Die Erhaltung und Pflege von Kunstwerken und Antiquitäten, Band I, München 1981
Kunstpreisjahrbuch
Learoyd, S.: English furniture, London 1981
Learoyd, S.: A guide to antique furniture construction and decoration 1500–1910, New York 1981
Liebenwein, W.: Studiolo. Die Entstehung eines Raumtypes und seine Entwicklung bis um 1600, Berlin 1977
Madigan, M. J.: Nineteenth century furniture, New York 1982
Mallé, L.: Mobili e arredi lignei, Turin 1972
Mang, K.: Geschichte des modernen Möbels, Stuttgart 1978
Meister, P. W./Jedding, H.: Das schöne Möbel, München 1978
Müller, M.: Klassiker des modernen Möbeldesign, München 1980
Neue Arbeiten der Bauhauswerkstätten. Neue Bauhausbücher, Mainz 1981
Pinto, P.: Il mobile italiano dal XV al XIX secolo, Novara 1981
Plas, S. de: Les meubles à transformation et à secret, Paris 1974
Potter, M.: Alte Möbel erkennen und restaurieren, Stuttgart 1982
Redlefsen, E.: Städtisches Museum Flensburg, Katalog der Möbelsammlung, Flensburg 1976
Salverte, F. de: Les ébénistes du 18e siècle, leurs œuvres et leurs marques, Paris 1975
Schade, G.: Deutsche Möbel aus sieben Jahrhunderten, Leipzig 1966
Schmitz, H.: Das Möbelwerk, Berlin 1963
Schneck, A. G.: Neue Möbel vom Jugendstil bis heute, München 1962
Schoenen, P.: Aachener und Lütticher Möbel des 18. Jahrhunderts, Berlin 1942

Schwarze, W.: Antike deutsche Möbel, Wuppertal 1975
Smith, E. E.: A concise history of furniture, New York 1979
Spannagel, F.: Der Möbelbau, Ravensburg 1936
Stone, A./Joy, E. T.: Antique furniture: baroque, rococo, neoclassical, London 1982
Stürmer, M.: Handwerk und höfische Kultur, München 1982
Swoboda, F.: Deutsche Möbelkunst – Restauriert 1976–80, Mannheim 1981
Terni de Gregory, W.: Vecchi mobili italiani, Mailand 1981
Thornton, P.: English cabinets, London 1972
Tomlin, M.: English furniture, London 1972
Trenschel, H. P.: Meisterwerke fränkischer Möbelkunst, Würzburg 1983
Verlet, P.: Styles, meubles, décors du Moyen Age à nos jours, Band I/II, Paris 1973
Watson, F.: Geschichte der Möbel, München 1978
Wills, G.: English furniture 1550–1760, London 1971
Wills, G.: English furniture 1760–1900, Enfield 1971
Wilson, G.: Decorative Arts in the J. Paul Getty Museum, Malibu, Los Angeles 1977
Windisch-Graetz, F.: Möbel Europas, Band I/II, München 1983
Winter, F.: DuMont's Lexikon der Möbelkunde, Köln 1982

Glossar

Aalto, Alvar – geb. 1898, finnischer Architekt und Möbeldesigner
Adam, Robert – 1728–92, schottischer Architekt und Dekorateur
à jour – durchbrochen
à la grecque – (in griechischer Manier), Teil des französischen Klassizismus
Albrecht, Markgraf v. Brandenburg – 1490–1545, Erzbischof von Magdeburg und Mainz
Amaranth – (bois de violet), rötlichblaues brasilianisches Edelholz
Amboyna – hell rotbraunes Holz von den Molukken
Anna v. Österreich – 1601–1666, spanische Habsburgerin, Mutter Ludwigs XIV.
Anne, Queen (Stuart) – 1702–1714, Königin von England und Irland
Appliken – Bronzezierate an Möbeln
Architrav – Gebälk, Balken
Arend, Jacob – geb. 1688, Hofschreiner in Fulda
Arend, Servatius – 1673–1729, Bruder von Jacob A., Hofschreiner in Würzburg
Armadio stipo – italienischer Kabinettschrank
Art déco – französische Stilform um 1925, Kurzform des Ausstellungstitels «Exposition Internationale des Arts Décoratifs et Industriels modernes», Paris 1925
Artist's table – Verwandlungsmöbel mit verstellbaren Arbeitsplatten, 18. Jahrhundert
Art nouveau – (neue Kunst), französische Form des Jugendstils
Arts and Crafts – (Kunst und Handwerk), Erneuerungsbewegung des englischen Kunstgewerbes im 19. Jahrhundert (Ruskin, Morris)
à trois corps – (mit drei Teilen) etwa Kommode, Pult, Aufsatz
Aufsatz-Schreibschrank – Schreibschrank, dessen Unterteil auch ohne Aufsatz ein selbständiges Möbel ist, vor allem das englische bureau
Aufsatzsekretär – andere Bezeichnung für Schreibschrank, besonders für den englischen Typ mit Schreiblade statt schräger Pultklappe (secrétaire-cabinet, secrétaire-bookcase)
Augsburger Silberkistler – auf Furniere aus Metallen, Perlmutt, Elfenbein, Schildpatt spezialisierte Schreiner des 17. Jahrhunderts
Autorenbilder, Dedikationsszenen – (Spätantike, Mittelalter), dem Text vorangestellte Abbildungen der Verfasser und Stifter, meist beim Schreiben dargestellt
Auwera, Johann Wolfgang van der – 1708–1756, Hofbildhauer in Würzburg

bachelor's desk – Kommode mit heraufziehbarem Sekretärfach
Baluster – gebauchte, profilierte (Geländer-)Stütze, danach: Balustervase
bambocci, a bambocci – Dekoration mit Gruppen von Putten und Kleinfiguren an italienischen Möbeln des Frühbarock
Bandelwerk – Bandornament im frühen 18. Jahrhundert
Banting, France and Co. – Hoflieferanten Georgs IV.
bargueño – siehe vargueño
Barschrank – Salonmöbel (Hausbar) in Sekretärform seit etwa 1930
Barth, Stephan und Adam – Würzburger Möbelmanufaktur des 19. Jahrhunderts
Bauer, Nikolaus – seit etwa 1740 Bamberger Hofschreiner
Bauhaus – 1919 Weimar, seit 1925 Dessau, dann Berlin, berühmte Reformschule des Kunstgewerbes unter Einbeziehung aller Künste, vor allem aber der Architektur
Belchier, John – englischer Kunstschreiner des 18. Jahrhunderts
Benemann, Johann Wilhelm (Guilleaume) – Meister 1785, Pariser Ebenist deutscher Herkunft
Bennett, William – englischer Kunstschreiner des frühen 18. Jahrhunderts
Benouville, Léon – französischer Architekt und Möbeldesigner des 19./20. Jahrhunderts
Bérain, Jean d. Ä. – 1637–1711, Architekt und Ornamentstecher unter Ludwig XIV., wichtige Vorlagen für Boullearbeiten
Beschauzeichen JME – (Jurande des Menuisiers-Ébénistes) Garantiestempel nach Prüfung durch die Pariser Möbelzunft
Beschläge – Appliken, Griffe, Reliefs und Plastiken an Möbeln, meist aus Metall
Betpult – Kastenmöbel mit schräger Auflagefläche, auch als Schreibmöbel deutbar
Biedermeier – (1815–1830), bürgerlicher Möbelstil in den Formen eines reduzierten Klassizismus
Bismarck, Otto von – Fürst und preußischer Ministerpräsident, deutscher Reichskanzler von 1862 bis 1890
Blatt, Tischblatt, Platte – Arbeitsfläche des Schreibtisches
Blendmaßwerk – gotisches Fenstermuster in Halbrelief vor einer Wand
Blindholz, Konstruktionsholz – häufig weniger qualitätvolles Holz des Möbelkörpers, oft unter dem Furnier verborgen
Bocksfüße – geschwungene Möbelfüße in Form eines Tierhufs, häufig bei Abraham Roentgen
bois clairs – (helle Hölzer), meist einheimische europäische Hölzer im Gegensatz zu den importierten dunklen Edelhölzern
bois des Indes – (indische Hölzer), Sammelbegriff für exotisches Holz
bois indigènes – einheimische Hölzer
bonheur du jour – kleiner Kastenschreibtisch mit Aufsatz, beliebt in Frankreich seit dem späten Louis XV.
Boulle, André-Charles – 1642–1732, Ebenist unter Ludwig XIV. im Louvre, nach ihm benannt die Marketerie aus Schildpatt und Metall an barocken Möbeln
Boulle-Technik – aus übereinandergelegten Platten von Schildpatt und Mes-

sing gemeinsam ausgesägtes Ornament, wird alternierend zusammengesetzt: Messingornament vor dunklem, rot unterlegtem Schildpatt oder Ebenholz = première partie; umgekehrt = contre-partie

Bourbonen – Herrscherhaus der französischen Könige des 17. und 18. Jahrhunderts

Bourdichon, Jean – 1457–1521, französischer Maler

bracket foot, console leg – englischer Möbelfuß mit seitlicher Konsolform

Brant, Franz – Mainzer Schreiner, 1766 Meister

Breuer, Marcel – geb. 1902, berühmter Bauhausarchitekt und Möbelentwerfer, seit 1937 in den USA

Brickard, Servatius – Schreiner in Bamberg, Nachfolger Plitzners 1724

Brieflade – Tischkasten zum Aufbewahren von Papieren, oft mit schräger Platte zum Schreiben

bronze doré – goldfarbige Kupfer-Zinn-Legierung für Möbelbeschläge

Bryn, Finn – gest. 1975, norwegischer Architekt

Buchdruck – Erfindung des 15. Jahrhunderts (Gutenberg)

bufetillo – kleine Kredenz, siehe vargueño

Bugholz – unter Heißdampf- und Druckwirkung gebogenes Stabholz, Verwendung im Möbelbau zuerst durch M. Thonet seit etwa 1830

Büro – deutsche Bezeichnung für einen Raum, in dem geschäftliche Schreibarbeiten erledigt werden, abgeleitet von

bure – das Tuch, das über die frühen Kastenschreibtische gelegt wurde (vergleiche Abb. 14)

bureau – französische Bezeichnung für kleines (achtbeiniges) Schreibmöbel, zuerst wohl hergestellt von Pierre Gole im späten 17. Jahrhundert, danach auch übernommen für den englischen Pultsekretär mit schräger Schreibklappe des 18. Jahrhunderts

bureau à cylindre, Zylinderbureau – Schreibtisch oder bureau mit Abdeckung aus einem starren Zylinderelement

bureau à gradin – Schreibtisch mit rückwärtigem Aufsatz aus bisweilen terrassenförmig angeordneten Schubladeneinheiten

bureau-book case – bureau mit verglastem Aufsatz für Bücher

bureau-cabinet – das englische bureau mit geschlossenem Aufsatz

bureau de (en) pente – hochbeiniger Pultschreibtisch mit schräger Schreibklappe

bureau dressing table, auch kneehole desk – hoher Schreibtisch mit Schubladenpfeilern und Knieraum, gleichzeitig als Toilettentisch verwendbar

bureau du roi – das berühmte Rollbureau Ludwigs XV., hergestellt von J.-F. Oeben und J. H. Riesener 1760–1769 in Versailles

bureau en cabinet – französisches Sekretärmöbel auf Tischbeinen, in Form eines Kabinettschrankes

bureau on stand – englischer kleiner Pultschreibtisch mit Schubladen auf hohen Beinen (meist cabriole legs)

bureau Mazarin – historisch wohl irrtümlich nach dem großen französischen Staatsmann und Kardinal benanntes Möbel, das frühestens etwa acht Jahre nach dessen Tod entstand (P. Gole)

bureau ministre – Ministerschreibtisch, Diplomatenschreibtisch, das große herrschaftliche bureau plat; allgemein jedes aufwendige Schreibmöbel

bureau plat – der klassische, flache französische Zargenschreibtisch des 18. und 19. Jahrhunderts
bureau-secrétaire – das bureau mit geradem oberen Abschluß und Schreiblade (herausziehbar, mit abklappbarer Vorderfront) statt schräger Pultklappe
Burges, William – englischer Architekt und Möbelkünstler des 19. Jahrhunderts
Burgkmair, Hans d. Ä. – 1473–1531, Augsburger Maler und Graphiker, Vermittler italienischer Renaissanceformen
Burne-Jones, Sir Edward Coley – 1833–1898, präraffaelitischer Maler, Freund und Mitarbeiter von W. Morris
burr, burr walnut – englisches Nußbaumholz aus dem Wurzelbereich mit starker, unruhiger Maserung

cabinet maker – der englische Ebenist (im Gegensatz zum joiner, dem Schreiner)
cabinet on chest of drawers – Sekretärkasten auf Kommodenunterteil
cabinet on stand – das englische Kabinett- oder Sekretärmöbel auf Tischbeinen
cabriole leg – englischer Möbelfuß seit dem Queen Anne (1702–1714), S-förmig geschwungen mit betontem Knie und Endung als Huf, Kralle, Volute oder Keule (club foot)
cantourgen – Kontörchen, Mainzer Meistermöbel (Schreibschrank) im 18. Jahrhundert
Carlin, Martin – Meister 1766, französischer Hofebenist, Spezialist in der Verwendung von Lack und Porzellan auf Möbeln
Carlton House writing desk (table) – nach dem Sitz des Prinzen of Wales benanntes, großzügiges Schreibmöbel vom Typ des bureau plat à gradin
cartonnier, serre-papier – Beistellmöbel für Akten, in Schrankform, häufig mit dem bureau plat einheitlich gestaltet, 18. Jahrhundert
Caylus, Graf Anne Claude Philippe – 1692–1765, französischer Archäologe, Kunstsammler und Mäzen
Century-guild – 1882, von Mackmurdo und Image gegründete Vereinigung von Kunstgewerbeschaffenden
Channon, John – 1735–1783, Londoner cabinet-maker
Chareau, Pierre – 1883–1950, französischer Architekt und (Innen-)Dekorateur des Art déco
Charles I. (Stuart) – 1625–1649, englischer König
Charles V. – 1364–1380, französischer König
Charles X. – 1824–1830, französischer König der Restauration
chest of drawers – die englische Schubladenkommode
chinese chair – Chippendales Entwurf eines chinesischen Stuhles
Chippendale, Thomas – 1709–1779, Londoner cabinet-maker unter Georg II., Gentleman and cabinet makers director, 1754
Christian VI. – dänischer König des 18. Jahrhunderts
claw and ball foot – Möbelfuß mit Vogelkralle und Kugel, England 18. Jahrhundert
club foot – der englische Keulenfuß an Möbeln des 18. Jahrhunderts
Colbert, Jean Baptiste – 1619–1683, französischer Staatsmann (Merkantilismus)

comptoir – (französisch: compter, italienisch contare), französische Bezeichnung für Kontor, Büro
counter table – der Zahltisch
Coxed, John – englischer cabinet-maker
Cranach, Lukas d. Ä. – 1472–1553, deutscher Maler und Graphiker (Donauschule)
credenza – die italienische Kredenz, Anrichte- und Präsentiermöbel für Tischgerät, französisch: dressoir, deutsch: Stollenschrank
Cressent, Charles – 1685–1768, Pariser Ebenist der Régence
C-Schwünge – typischer eleganter bis schnörkeliger Dekor des Rokoko, häufig an Möbelfüßen, oft mit der Rocaille kombiniert
Cucci, Domenico – 1635–1704, seit 1664 privilegierter Ebenist im Hotel des Gobelins
Cuvilliés, François de – 1695–1768, deutscher Baumeister und Dekorateur, Schüler von Effner und Blondel, als Hofkünstler Karl Albrechts Hauptvertreter des bayerischen Rokoko
cylinder desk – das englische Zylinderbureau nach Entwürfen von Sheraton

Dagly, Gérard – belgischer Lackkünstler, seit 1687 in Berlin
Daguerre, Dominique – gest. 1796, französischer marchand-mercier (Hofkaufmann)
Damenschreibtisch – so genannt wegen seines kleinen Formats im Gegensatz zu den großen bureaus und Sekretären
Danhauser, Josef – 1780–1829, Bildhauer und Gründer einer überaus erfolgreichen Wiener Möbelmanufaktur, die nach seinen eigenen Entwürfen arbeitete
Dasson, Henri – Kunsttischler des 19. Jahrhunderts, kopierte etwa das bureau du roi aus Versailles
Davenport desk – kleines englisches bureau mit seitlichen Schubladen, Anfang des 19. Jahrhunderts
Decembrio, Angelo – italienischer Humanist
décor à la cathédrale – die französische Form einer lediglich oberflächlichen Neugotik, besonders in der Zeit Königs Charles X.
Dedikationsbild – Abbildung der Stifter und Schreiber in den gestifteten Handschriften zusammen mit dem Beschenkten
Designmöbel – Möbel mit einer gestalteten Form, die sich nicht unmittelbar aus der Funktion ergibt
Deutscher Werkbund – 1907 gegründeter Zusammenschluß von deutschen Künstlern, Kunstgewerblern und Industriellen zur »Veredelung der gewerblichen Arbeit«
Dieckmann, Erich – 1896–1944, Kunsttischler und Designer am Bauhaus, staatliche Kunstgewerbeschule Weimar und Kunstgewerbeschule Burg Giebichenstein
Directoire – Stil während des Revolutionsdirektoriums 1795–1799, Variante des Klassizismus
double chest of drawers, auch tallboy – hoher englischer Schubladenschrank
double dome – Bekrönung englischer Schreibschränke mit doppeltem Bogenornament

doucine – (französisch; englisch: serpentine front), die Schweifung oder Ausschwingung der vorderen Möbelfläche, vor allem an Sekretären
drawer – die englische Schublade, teilweise auch als Schreibfach eingerichtet
drawing table, architect's table – Schreibmöbeltypus des englischen 18. Jahrhunderts mit verstellbaren Schreibplatten, auch in Frankreich und Deutschland
drop lid fall front – die Schreibklappe des Sekretärs (drop front secretary)
drum table – runder englischer Schreib- und Bibliothekstisch, 18. Jahrhundert
Dubois, Jacques – Meister 1742, Pariser Ebenist
Dubois René – Meister 1755, Pariser Ebenist der Transition, 1779 »ébéniste de la Reine« (Marie Antoinette)
Ducerceau, Jacques Androuet – 1510–1584, französischer Architekt und Ornamentstecher der Renaissance
Dürer, Albrecht – 1471–1528, berühmter deutscher Maler und Graphiker der Renaissance
Dufrêne, Maurice – 1876–1955, Innendekorateur und Möbeldesigner des Art nouveau und des Art déco

Eames, Charles – amerikanischer Architekt und Möbeldesigner
Ebenholz – schwarzes, schweres, tropisches Holz
Ebenisten – französische, ursprünglich auf Ebenholzfurniere spezialisierte Kunstschreiner des 17. und 18. Jahrhunderts, die auch das Recht zu eigener Anfertigung von Bildhauerarbeiten hatten
ébéniste-mécanicien – Ehrentitel für David Roentgen wegen seiner mechanisch ausgestatteten Möbel
écritoire – das Tintenhorn, später das Schreibzeug
Effner, Joseph – 1684–1747, Architekt und Möbelentwerfer der bayerischen Régence-Zeit, häufig weiße Möbelfassungen
Egell, Paul – 1691–1752, deutscher Bildhauer des Rokoko
Einbaumöbel – möbelartige Raumarchitektur von Schrank, Bank, Regal und Pult in Schreibkabinetten des 16. Jahrhunderts
Einlegearbeit – (englisch: inlay) die Intarsie
Einrichtung – die Ausstattung der Innenräume von Pulten und Sekretären mit Fächern und Schüben
Empire – napoleonisch-kaiserlicher Stil mit Rückbezug auf die Kunstformen antiker Imperien
Engelbrechtsz, Cornelis – 1468–1533, niederländischer Maler der Renaissance
Erasmus von Rotterdam – 1465–1536, bedeutender Humanist
Erdmannsdorff, Friedrich Wilhelm – 1736–1800, klassizistischer Architekt in Berlin
escriptorio – siehe escritorio
escritoire – alte englische Bezeichnung für den kneehole desk
escritorio – siehe vargueño
espagnolette – Möbelbeschlag in Form einer spanischen Frauenbüste
estampille – die Stempelung französischer Möbel
estude – die französische Bezeichnung für das spätere italienische studiolo, das Studierzimmer, die Sammlungs- und Schatzkammer
Eyck, Jan van – 1390–1441, berühmter niederländischer Maler der Gotik

fall front writing cabinet – der englische Schreibsekretär auf hohem Gestell, nach dem Vorbild des vargueño, 17. Jahrhundert
Faltwerk – (brief paneel, parchemin plié, linnenfold pattern), gotisches Holzornament, das in den einfachen Formen an gefaltete Pergament- oder Stoffrollen erinnert
Fassadenschrank – deutsche Renaissanceschränke des 17. Jahrhunderts mit architektonischer Vorderfront, Fassaden auch an einigen Kabinettschränken
Feder, Federkiel – schräg angeschnittene Vogelfeder (oft von der Gans) zum Schreiben benutzt
Federmesser – benutzt zum Nachschneiden der Feder und zum Radieren
Ferdinand (II.) – Erzherzog und Kaiser, 1578–1637, Gegenreformator
Ferdinand Maria – bayerischer Kurfürst, 1651–1679
Ferdinand V. – König von Ungarn
Fiale – spitze pyramidenförmige Zierform der Gotik
figured walnut – Nußbaumfurnier mit kräftiger Maserung aus dem Ast- oder Wurzelbereich
Flachschnitt – flaches Reliefschnitzornament, süddeutsche Gotik
Flötner, Peter – 1485–1546, Goldschmied, Kunstschreiner, Ornamentstecher der Renaissance in Nürnberg
Follot, Paul – 1877–1941, französischer Bildhauer und Dekorateur des Art nouveau und Art déco, Entwerfer von Luxusmöbeln
Fontaine, Pierre – 1762–1853, Hofarchitekt Napoleons I., zusammen mit Percier Schöpfer des Empirestils (1801): Recueil de Décorations intérieures
Franciabigio – 1482–1525, italienischer Maler der Hochrenaissance
Franz I. – 1745–1765, deutscher Kaiser
Friedrich – Markgraf von Bayreuth, der Vielgeliebte (gest. 1763)
Friedrich I. – 1701–1713, erster preußischer König
Friedrich II. der Große – 1740–1786, preußischer König
Friedrich Wilhelm von Brandenburg – 1640–1688, der Große Kurfürst
Friedrich Wilhelm I. – 1713–1740, der preußische Soldatenkönig
Friedrich Wilhelm II. – 1786–1797, preußischer König
Friedrich Wilhelm III. – 1797–1840, preußischer König
Friedrich Wilhelm (IV.) – 1840–1861, preußischer König, der Romantiker
Füllung – in Nuten gelagertes Brett im Rahmenwerk von Möbelflächen (Türen); häufig als Bildfläche genutzt
Fugger – schwäbische Weber- und Kaufherrenfamilie; Jakob II., der Reiche, 1459–1525, von Karl V. in den Reichsgrafenstand erhoben
Funk, Matthäus – Berner Kunsttischler
Furnier – dünne Edelholzschicht auf dem Blind- oder Konstruktionsholz eines Möbels, die ursprünglich wohl aus Sparsamkeitsgründen entwickelte Technik ist seit der Spätgotik bekannt; bildhaft zusammengesetzte Furniere werden Marketerie genannt

Gallé, Emile – 1846–1904, französischer Kunstgewerbler aus Nancy, in den Bereichen Glas, Keramik und Mobiliar tätig
Garnier, Pierre – Meister 1742, Pariser Ebenist vom Rokoko bis zum Directoire

gate leg – (englisch gate: Tor), schwenkbarer englischer Fußrahmen zur Unterstützung von Klapptischflächen
Gehrung – der senkrechte Schnitt im Winkel von 45° bei Rahmenkonstruktionen
Georg I. bis Georg IV. – englische Könige aus dem Hause Hannover, 1714–1830, Georg IV. war von 1820–1830 Regent anstelle seines geisteskranken Vaters (Regency)
Gillow's – englische Möbelmanufaktur des 18. Jahrhunderts in Lancaster
Gilly, Friedrich – 1772–1800, klassizistischer preußischer Baumeister, Lehrer Schinkels
Giotto di Bondone – 1266–1337, italienischer Maler der Gotik
Gobelins, Hôtel des – Sitz der »Manufacture des Meubles de la Couronne«, privilegierte vielseitige Pariser Hofwerkstätten seit 1662
Godwin, E. William – 1833–1886, englischer Möbelentwerfer, besonders des »anglo-japanese Style«
Gole, Pierre – privilegierter Pariser Ebenist unter Ludwig XIV. (gest. 1684)
Graham and Biddle – eine der zahlreichen Londoner Möbelfirmen des späten 19. Jahrhunderts
Gray, Eileen – geb. 1879, seit 1902 in Paris, bekannte Möbeldesignerin und Architektin des Funktionalismus
grecque, à la – (auf griechische Art), Stadium des Klassizismus
Gropius, Walter – 1883–1969, Architekt und Möbeldesigner, Leiter des Staatlichen Bauhauses Weimar und Dessau bis 1928
Grotteske – von antiker Wandmalerei inspiriertes Mischornament der Renaissance aus pflanzlichen und figürlichen Motiven
Grotius, Hugo – 1583–1645, niederländischer Staatsmann, Jurist und Historiker
Guimard, Hector – 1867–1942, französischer Architekt, Bildhauer und Kunstgewerbler, bekanntester Vertreter des floralen Art nouveau (Eingänge der Metro in Paris)
Gutenberg, Johannes – vor 1400–1468, Erfinder des Buchdrucks mit gegossenen, beweglichen Lettern

Hacker, David – Kunstschreiner der Tochterwerkstatt Roentgens in Berlin
Haupt, Josef – Meister 1805, Wiener Kunstschreiner
Hepplewhite, George – gest. 1786, Londoner Kunstschreiner, »The Cabinet-Maker and Upholsterer's Guide«, 1788
Herbst, René – geb. 1891, funktionalistischer französischer Architekt und Möbeldesigner, Gründungsmitglied der Union des Artistes Modernes (1930)
Herrmann, Franz Anton – 1711–1770, Mainzer Hofschreiner
Herrmann, Balthasar – seit 1773 Bamberger Hofschreiner
Hieronymus – heiliger Kirchenlehrer, Patron der Gelehrten und Schreiber
Hingst, Nikolaus – Dresdner Kunstschreiner des 18. Jahrhunderts, stark an englischen Vorbildern orientiert
Hirche, Herbert – deutscher Designer
Hirnholzfurnier – quer zu Ast oder Stamm geschnittenes Furnier, das vor allem zu Musterbildungen aus runden Formen anregt (oyster veneer, Pfeifen-

kopfmuster), beliebt im England des 17. Jahrhunderts
Hobbes, Thomas – 1588–1679, englischer Philosoph, Staats- und Gesellschaftstheoretiker
Hoffmann, Josef – 1870–1956, österreichischer Architekt und Designer, Mitbegründer der Wiener Werkstätte (1903)
Hofebenist – französischer, von den Zunftgesetzen befreiter Kunstschreiner
Holl, Benedikt – Wiener Tischler des frühen 19. Jahrhunderts
Holztafeln – wachsbeschichtet, seit der Antike geläufige Grundlage für schriftliche Aufzeichnungen
Hoppenhaupt, Johann Christian und Johann Michael – Bildhauer und Dekorateure in Berlin bis 1755
Hund, Ferdinand – 1704–1758, Bruchsaler Hofschreiner des Rokoko
Hutten, Franz Christoph von Hutten zu Stolzenberg – Fürstbischof von Speyer

Ince & Mayhew – Londoner Kunstschreiner des 18. Jahrhunderts »Universal System of Household Furniture«, um 1762
Inkrustation – das Bekleiden von oder das Einlegen in Holz mit verschiedenen Materialien, vor allem Stein oder Mosaik, aus der Baukunst übernommen
inlayer – der englische Ebenist und Spezialist für Marketerie und Boullearbeiten (englisch: buhl work)
Intarsie – Schmuck durch Einlage von Ornamenten in das Konstruktionsholz des Möbels; meist in differierenden Holzfarben

Jacob (James) I. – 1603–1625, König von England (Jacobean Style)
Jacob, Georges – 1739–1814, Meister 1756, Ebenist Ludwigs XVI.
Jacob-Desmalter, François Honoré Georges – 1770–1841, führt zunächst mit seinem Bruder das Unternehmen »Jacob frères«, später mit seinem Vater Georges eine große Manufaktur mit bis zu 300 Arbeitern, die Empiremöbel für die napoleonischen Schlösser herstellten
Jacobsen, Arne – geb. 1902, dänischer Architekt und Möbeldesigner
Jalousie – im Möbelbau Rollverschluß aus einzelnen, beweglich miteinander verbundenen Holzlamellen, Gegensatz: Zylinder
japanning – die englische Bezeichnung für den Lackdekor mit nachgeahmtem Lack
Jensen, Gerriet – englischer Kunstschreiner niederländischer Herkunft, 17. Jahrhundert
Jérôme Bonaparte – Bruder Napoleons, als König Lustik König von Westfalen (1807–1813)
JME – Garantiestempel der Pariser Schreinerzunft »Jurande (Jurés) des menuisiers-ébénistes«
joiner – der englische Schreiner- und Stuhlmacher (französisch: menuisier) im Gegensatz zum cabinet-maker (ébéniste)
Joseph II. – 1765–1790, deutscher Kaiser
Josephine – Kaiserin der Franzosen, erste Gemahlin Napoleons
Jourdain, Francis – 1876–1958, französischer Maler und sozial engagierter Innenarchitekt, Gründungsmitglied der Union des Artistes Modernes
Jugendstil – (Art nouveau, liberty Style) wesentlich aus der Rezeption japani-

scher Kunst entstandener, mit europäischen Stilmerkmalen (Gotik, Rokoko) vermischter Dekorationsstil mit umfassendem Anspruch um 1900

kabinett – Raum und Möbel, vgl. Kabinettschrank

Kabinettschrank – Sammlungs- und Wertsachenschrank, oft mit waagerechter Klappe wie der Sekretär, der aus ihm entsteht

Kambli, Johann Melchior – 1718–1783, Kunstschreiner und Spezialist von vergoldeten/versilberten Bronzeappliken, seit 1746 in Potsdam

Karl I. von Spanien – seit 1516 als Karl V. römisch-deutscher Kaiser 1519–1556

Karl (VII.) Albrecht – bayerischer Kurfürst und 1742–1745 römisch-deutscher Kaiser

Kassette, Kästchen – Bezeichnung für Minnekästchen der Hochgotik, später für Schreib- und Schmuckbehälter

Kastentisch – Tisch mit kasten- oder truhenartig ausgebildeter Zarge, oft nach Verschieben des Tischblattes von oben zugänglich

Kaunitz Zylinderbureau – benannt nach Wenzel Anton Kaunitz, Graf im königlichen Österreich, Diplomat in Paris im 18. Jahrhundert

Kent, William – 1684–1748, englischer Maler, Architekt und Gartenkünstler, Klassizist nach dem Vorbild Palladios

kidney table – Nierentisch, Schreib-Lese- und Toilettentisch von Sheraton, Ende des 18. Jahrhunderts

Kieser, Jakob – 1764–1780, pfälzischer Hofschreiner in Mannheim

Kinzing, Peter – 1745–1816, Uhrmacher; Mitarbeiter von David Roentgen

Kleinmöbel – Beistell- oder Gelegenheitsmöbel, auch in Form von kleinen Schreibtischen

Klenze, Leo von – 1784–1864, Hofarchitekt Jérômes in Kassel, danach seit 1816 Architekt Ludwigs I. in München, als Möbelentwerfer orientiert am französischen Empire

Klimt, Gustav – 1862–1918, österreichischer Maler des Jugendstils

Klinkerfuß, Johann – Stuttgarter Kunstschreiner, Ausbildung auch bei David Roentgen in Neuwied

knee, Knie – obere ausschwingende Partie an geschweiften Möbelbeinen, oft besonders verziert (cabriole leg)

Kniebrett – flaches Pultmöbel mit integrierten Fächern, in der Gotik zum Schreiben auf den Knien benutzt

kneehole desk – Schreibkommode mit ausgespartem Fußraum und ausziehbarer Schreibplatte, auch mit Aufsatz; wird zum partners' desk, wenn sie beidseitig zu benutzen ist

Knobelsdorff, Georg Wenzeslaus – 1699–1753, Architekt und Maler, 1740 Oberintendant der königlichen Schlösser und Gärten in Berlin

Kommodenschreibtisch – Schreibkommode, Kommode mit Schreibfach

Konsulat – Stilart des Klassizismus, 1799–1804, Napoleon 1. Konsul

Kontor – Geschäftszimmer, Kasse, Büro

Kontörchen – kleines Kontor, Bezeichnung für Mainzer Schreibschränke (cantourgen) des 18. Jahrhunderts

Koromandellack – Schwarzlack, im vertieften Relief bemalt, benannt nach den Umschlaghäfen an der ostindischen Koromandelküste

Korpus – Möbelkörper

Kramer, Ferdinand – Architekt und Möbeldesigner an der Frankfurter Kunstgewerbeschule
Krause (Krauß), Christian – Kunstschreiner und Mechaniker an der Manufaktur D. Roentgen
Kredenz – italienisch: credenza, Anrichte, credenzone des 16. Jahrhunderts; wandelt sich zur Kommode (cassettone)
Krieger – französischer Kunstschreiner des 19. Jahrhunderts

Lack, Lackmalerei, Lacquierkunst – englisch: japanning, Möbeldekoration mit echtem oder nachgeahmtem japanischen Lack, besonders im 18. Jahrhundert
Lacroix, Roger van der Cruse – Meister 1755, Pariser Ebenist mit dem lange unbekannten Stempel RVLC
Lambrequin – Schmuckmotiv der Behangborte mit Zungenornament, im 18. Jahrhundert aus der Textilkunst entwickelt, oft mit Bandelwerk
Larsen, Sven Kai – mit Lars Liljeqvist Designer des »Round Office«
LeBrun, Charles – 1619–1690, französischer Hofmaler Ludwigs XIV., Direktor der »Manufacture des Meubles de la Couronne«
Le Corbusier, Charles Edouard Jeanneret – 1887–1965, berühmter französischer Architekt und Innenarchitekt des Funktionalismus
lectrin (lutrin) – Lesepult, auch zum Schreiben benutzt
Leleu, Jean-François – Meister 1764, Pariser Ebenist unter Ludwig XVI.
Lesepult – Pultmöbel verschiedener Form mit schräger Auflagefläche
letter hole – Fach in der Schreibmöbeleinrichtung zur Ablage von Briefen
Levien, Johann Martin – geb. 1811, aktiv bis 1868, produktiver Fabrikant historistischen viktorianischen Mobiliars
Liberty, Arthur Lasenby – gründet 1875 eine Möbelfirma, für die viele berühmte Künstler arbeiteten, darunter auch C. F. A. Voysey; es entstehen Produkte im englischen Jugendstil, dem Liberty Style
library table – Bibliothekstisch, fast immer mit aufstellbaren Lesehilfen und Sekretäreinrichtung ausgestattet, England 18. Jahrhundert
library reading chair – Lesestuhl, England, 18. Jahrhundert
Lickinger, Caspar – österreichischer Kunstschreiner des 16. Jahrhunderts
lieux privilégiés – Bezirke, in denen die französische Zunftordnung keine Gültigkeit hatte
Linke, F. – französischer Kunstschreiner, der im späten 19. Jahrhundert exakte Kopien des Mobiliars im Stil Louis XV. geschaffen hat
Lippenrand – wulstige Verdickung des Randes der Schubladenfront englischer Möbel des 18. Jahrhunderts
lion's paw foot – englischer Möbelfuß des 18. Jahrhunderts in Form einer Löwentatze, weitverbreitet im Empire; nach antiken Vorbildern
Lochner, Stephan – um 1400–1451, deutscher spätgotischer Maler
Louis (Ludwig) XIV. – 1661–1715, französischer »Sonnenkönig«
Louis (Ludwig) XV. – 1715–1774, französischer König des Rokoko
Louis (Ludwig) XVI. – 1774–1792, König Frankreichs, unter dessen Herrschaft sich der Klassizismus entwickelte
Louis-Philippe – 1830–1848, französischer »Bürgerkönig«
Ludwig II. von Bayern – baufreudiger romantischer Wagnerverehrer, König

von Bayern 1864–1886

Ludwig Wilhelm – Markgraf von Baden-Baden, der Türkenlouis, Feldherr in den Türkenkriegen des 17. Jahrhunderts

Lyra – Möbelornament für Tischbeine, Stuhllehnen, ganze Möbel nach der Grundform des antiken Saiteninstrumentes, zuerst in England (Sheraton), dann auch in Deutschland und Österreich

Lyrasekretär – gesockelter und gefußter Sekretär in Form einer Lyra (Leier)

Macé, Jean – Pariser Hofebenist holländischer Herkunft unter Ludwig XIV., Vorgänger von A. C. Boulle

Mackintosh, Charles Rennie – 1868–1909, schottischer Architekt und Möbeldesigner, formt aus japanischen und keltischen Formelementen eine englische Variante des geometrischen Jugendstils

Mackmurdo, Arthur Heygate – 1851–1942, englischer Möbelentwerfer, Gründer der Century Guild

Magdalena Sibylla – Kurfürstin von Sachsen

Maggiolini, Giuseppe – 1738–1814, italienischer Kunstschreiner

Mahagoni – westindisches rotbraunes Edelholz, seit 1720 besonders in England, dann in ganz Europa beliebt

maîtrise – die französische Meisterschaft

Majorelle, Louis – 1859–1926, berühmter Kunstgewerbler und Möbelentwerfer des Art nouveau in Nancy

Mallet-Stevens, Robert – 1886–1945, französischer Architekt und Innendekorateur, Gründungsmitglied und Präsident der »Union des Artistes Modernes« 1930

marchands – Kaufleute, Mitglieder einer einflußreichen Pariser Zunft, spezialisiert in »marchands-ébénistes«, »marchands-merciers« und andere

Mare, André – 1887–1932, französischer Maler und Dekorateur, Möbelentwerfer des Art déco

Maria II. Stuart – Gemahlin von Wilhelm III. von Oranien, der von 1689 bis 1702 England und Holland gemeinsam regierte (Stil William and Mary)

Maria Theresia – römisch-deutsche Kaiserin 1740–1780

Marketerie – aus Furnierholz unterschiedlicher Farbe zusammengesetztes Bild als Möbeloberflächenschmuck

Marmion, Simon – gest. 1489, französischer Maler und Miniaturist

Marot, Daniel – 1663–1752, Architekt und Ornamentstecher holländischer Herkunft, zunächst in Frankreich, dann in England (ab 1685)

Maßwerk – Stab- und Ornamentwerk gotischer Kirchenfenster

Mattern, Carl Maximilian – 1705–1774, Würzburger Hofschreiner seit 1745

Matusch, Johann – seit 1702 Ansbacher Hofebenist, der auch die in Paris erlernte Boulletechnik beherrschte

Maximilian II. Emanuel – Kurfürst von Bayern 1679–1726

Mazarin, Jules – 1602–1661, Kardinal und Staatsmann, Regent anstelle des minderjährigen Louis XIV.

medieval furniture – englisches neugotisches Mobiliar um 1860

Medici – reiches florentinisches Patriziergeschlecht, Bankkaufleute und seit 1434 praktisch Regenten der Stadt Florenz

Meier-Graefe, Julius – deutscher Kunsthändler (Maison Moderne, Paris) und

Kritiker der Jugendstilzeit

Meisterstück – Probestück zur Erlangung der Meisterschaft

menuisier – der französische einfache Schreiner, im Gegensatz zum Ebenisten

Merkantilismus – französische Wirtschaftspolitik zur Hebung des Luxus-Exportgewerbes im 17. Jahrhundert, erreicht durch Konzentrierung und durch Zunftbefreiung qualifizierter Handwerker in den staatlichen Manufakturen

Messina, Antonello da – um 1430–1479, aus Sizilien stammender Maler der Frührenaissance

Meubles à transformation – Verwandlungs- oder Patentmöbel, bei Schreibmöbeln solche mit verborgenen Funktionen

Mies van der Rohe, Ludwig – 1886–1969, Architekt und Möbelentwerfer des Konstruktivismus

Migeon, Pierre II. – 1733–1775, Pariser marchand-ébéniste, der als Händler und Ebenist auch zunftfrei entstandene Ware mit seinem eigenen Stempel versah

Mondrian, Piet – 1872–1944, konstruktivistischer holländischer Maler

Montigny, Philippe-Claude – 1734–1780, Meister 1766, Pariser Ebenist

Morel & Seddon – englische Möbelfabrikanten des späten 18. Jahrhunderts

Morris, William – 1834–1886, englischer Maler, Reformator des Kunstgewerbes durch Begründung der Arts-and-Crafts-Bewegung

Moser, Koloman – 1868–1918, Architekt, Innenarchitekt und Möbelentwerfer des österreichischen Jugendstils

Mudejarstil – maurisch geprägter spanischer Dekorationsstil, aus der Mischung islamischer und gotischer Elemente entstanden

mulberry – Holz des Maulbeerbaumes, im englischen Möbelfurnier verwendet

Nahl, Johann August – 1710–1785, Bildhauer, (Innen-)Architekt und Möbelentwerfer, unter Friedrich dem Großen in Berlin an der Ausstattung der Schlösser beteiligt

Napoleon I. Bonaparte – General und 1804–1814/15 Kaiser der Franzosen

Napoleon III. – 1852–1870, Kaiser der Franzosen

Neumann, Balthasar – 1687–1753, berühmter süddeutscher Baumeister des Spätbarock und Rokoko

Neßtfell, Johann Georg – 1694–1762, seit 1720 Hofschreiner in Wiesentheid

Oeben, Jean-François – 1720–1763, Meister 1761, Pariser Hofebenist deutscher Herkunft, konzipiert das berühmte (Roll-)»bureau du roi«, das sein Schüler Riesener – bereits im Übergangsstil zum Klassizismus (Transition) – vollendet

Olbrich, Joseph Maria – 1867–1908, Baumeister und Kunstgewerbler, Mitbegründer der Wiener Sezession, Mitglied der Darmstädter Künstlerkolonie, bekannter Möbelentwerfer

Ormolu – (or moulu: gemahlenes Gold) feuervergoldete Bronze für Möbelbeschläge

ouvriers libres – die zunftfreien Möbelschreiner in Paris

oyster work, oyster veneer – Austermuster durch runde Furnierschnitte quer zu Ast oder Stamm

Pacher, Michael – 1435–1498, deutscher Maler und Bildschnitzer der Spätgotik
Palisander – dunkelrotbraunes Edelholz, siehe auch Rosenholz
Palladio, Andrea – 1508–1580, bedeutender italienischer Architekt, Begründer eines frühen, an der Antike orientierten Klassizismus
Pankok, Bernhard – 1872–1943, Architekt, Kunstgewerbler und Möbelentwerfer des Jugendstils
Parkettierung – Marketerie aus Furnierstücken von geometrischer Grundform (Würfel, Dreiecke), in wechselnder Maserrichtung zu einem Muster versetzt
Pasticcio – nicht homogene Zusammenfügung verschiedener Stilelemente zu einem Werk
Paul, Bruno – 1874–1968, deutscher Architekt und Möbelentwerfer des Jugendstils
pedestal writing desk (table) – Schreiblade oder -platte auf Schubladenpodesten, auch kneehole desk und, wenn von beiden Seiten benutzbar, partners' desk
Percier, Charles – 1764–1838, Pariser Architekt, zusammen mit P. Fontaine und F. H. G. Jacob-Desmalter, Schöpfer des Empire-Möbels
Pergament – vor der Erfindung des Papiers in Europa im 13. und 14. Jahrhundert Schreibmaterial aus Tierhäuten (Schaf, Kalb, Ziege); häufig über eine Unterlage gespannt, bei alten Manuskripten noch Falten und (Naht-)Löcher sichtbar
Perlstab – aus stabförmigen (ursprünglich architektonischen) Zierelementen entwickeltes Ornament mit gleich- oder verschieden großen Perlen
Perugino, Pietro – 1448–1523, italienischer Maler der Hochrenaissance, Lehrer Raffaels
Pfeifenkopfmarketerie – aus kleinen Astquerschnittfurnieren zusammengesetzte Furnierfläche
Pfeiffer, Eduard – deutscher Möbelentwerfer der Dreißiger Jahre
Pfosten – auch Stollen, senkrechtes Konstruktionsglied im Möbelbau
Philipp II. – 1556–1598 König von Spanien, Sohn Kaiser Karls V.
Philipp von Orléans – 1715–1723 Regent für den minderjährigen Louis XV., Übergang zum Rokoko
pigeon hole – (Taubenschlag), offenes Fach in der Einrichtung englischer Schreibmöbel
pied de biche – (Rehfuß), auch Geißfuß genannte französische Möbelfußform des 18. Jahrhunderts
pie de puente – Gestell des spanischen vargueño
pietra dura – (harter Stein), bildhaftes Florentiner Mosaik seit dem 16. Jahrhundert, vorwiegend aus Halbedelsteinen, mit Vorliebe zur Möbelinkrustation verwendet
Pifetti, Pietro – um 1700–1777, aus Rom stammender Kunsttischler in Piemont
Platereskenstil – (plateresco), im Spanien des 15. und 16. Jahrhunderts auftretende Stilmischung aus maurischen, gotischen und Renaissanceelementen, feinteilig wie Goldschmiedearbeit
Plitzner, Ferdinand – 1678–1724, fränkischer Ebenist unter Lothar Franz v. Schönborn in Eyrichshof, arbeitete auch in der Boulletechnik
Plumet, Charles und Selmersheim Tony – Pariser Architekten und Möbelde-

signer um 1900

Poudreuse – Schmink- und Toilettentisch, im 18. und 19. Jahrhundert häufig in Form eines kleinen Schreibtisches mit aufklappbarem Spiegel

Präraffaeliten – Künstlergemeinschaft von 1848, die durch romantische Rückbesinnung auf das Mittelalter Anstoß zur Reform auch des englischen Kunsthandwerks gaben (W. Morris, E. Burne-Jones)

Prinotto, Luigi – norditalienischer Kunstschreiner des frühen 18. Jahrhunderts

Pufendorf, Samuel – 1632–1694, deutscher Rechtslehrer und Historiker

Pugin, Augustus Welby Northmore – 1812–1852, englischer Architekt und Entwerfer neugotischer und historistischer Möbel, beispielsweise für das Londoner Parlament

Pult – Tisch oder Tischaufsatz mit schräger Fläche zum (Vor-)lesen oder Schreiben, auch Notenpult

Pultklappe – bewegliche schräge Fläche des Pultes, aufgeklappt meist als Schreibfläche benutzbar

Pultschrank – im Mittelalter meist zweitüriger Schrank mit schräger Pultfläche, Vorläufer des bureau

Pultsekretär – das englische bureau

Purpurholz – auch Amaranth, bois violet, südamerikanisches Edelholz von roter bis rötlich-blauer Färbung

querfurniert – im rechten Winkel zueinander verlaufende Maserungen von Furnierpartien

Rahmen – aus Leisten gearbeitete Konstruktion, Träger von Füllungen größerer Möbelflächen und Türen

Rateau, Armand – 1882–1938, französischer Innenarchitekt und Möbelentwerfer des Art déco

Ratsschreiber – vom 15. bis 17. Jahrhundert, Amtsschreiber und Notare der Stadtverwaltungen

Régence – 1715–1723, Regentschaft Philipps von Orléans anstelle des minderjährigen Louis XV.

Regency – 1811–1820, Regentschaft Georgs IV. anstelle seines kranken Vaters Georg III.

Rehfuß, Geißfuß – siehe pied de biche

Reichensperger, August – 1808–1895, Jurist, Zentrumspolitiker und engagierter Neugotiker

Reinow, Christian – sächsischer Lackkünstler des 18. Jahrhunderts

Revolutionsarchitektur – im späten 18. Jahrhundert von Claude Nicolas Ledoux konzipierte Architektur aus kompromißlos auf stereometrische Grundformen zurückgeführten Baukörpern (Würfel, Pyramide, Kugel, Zylinder)

Riemerschmid, Richard – 1868–1957, deutscher Architekt und Möbelentwerfer des späten Jugendstils

Riesener, Jean-Henri – 1734–1806, berühmter Pariser Hofebenist, Meister 1768, liebte kunstvolle mechanische Einrichtungen, schuf den Übergang vom Rokoko zum Klassizismus

Rietveld, Gerrit Thomas – 1888–1964, holländischer Maler und Architekt, Mitglied der Stijl-Bewegung, Schöpfer funktionalistischer Möbel

Risamburgh, Bernard II. van – Meister vor 1730, Pariser Ebenist flämischer Herkunft, Zeichen B.R.V.B.

Riß – Entwurf, die Meisterzeichnung für das Meisterstück

Rocaille – die aus der Darstellung von Zierfelsen auf ostasiatischen Bildern abgeleitete Zierform des Rokoko, bisweilen vermischt mit dem europäischen Muschel- und Ohrmuschelornament

Roentgen, Abraham – 1711–1793, berühmter Neuwieder Kunsttischler, Mitglied der Herrnhuter Brüdergemeinde, Schöpfer höchst qualitätvoller Möbel, in denen er Einflüsse seiner Ausbildung in Holland und England verarbeitet

Roentgen, David – 1743–1807, berühmtester deutscher Kunsttischler, Hauptvertreter des deutschen Klassizismus, führt die väterliche Neuwieder Werkstatt ab 1770 mit zahlreichen Fachkräften zu höchster Leistungsfähigkeit und beliefert die Höfe in ganz Europa mit Mobiliar, wegen der Bildmarketerien und der technischen Einrichtung bewundert

Rollbureau – Schreibtisch mit waagerecht laufendem Jalousieverschluß, ab etwa 1760

Rolljalousie – Rollverschluß, in sich bewegliche Lamellenkonstruktion, formal anpassungsfähiger, aber schwieriger zu marketieren als der starre Zylinderverschluß

Rollwerk – manieristisches Ornament aus plastisch gerollten, verschlungenen Bändern

Rosenholz – Königsholz, Palisander, braunes oder rötliches, oft gestreiftes Edelholz aus Westindien und Südamerika

Rossetti, Dante Gabriel – 1828–1882, englischer Maler, Freund von J. Ruskin und W. Morris

Roussel, Pierre – 1723–1782, Meister 1745, berühmter Pariser Ebenist in der Transition

Ruhlmann, Emile-Jacques – 1879–1933, Schöpfer des Art déco-Luxusmöbels; der »Riesener des 20. Jahrhunderts«

Ruinenmarmor – aus der natürlichen Maserung farbiger Marmorsorten ausgewählte Partien, die an Bilder von Landschaften und Ruinen erinnern; beliebt im 17. Jahrhundert

Russell, Gordon – englischer Möbelentwerfer vor der Mitte des 20. Jahrhunderts

Saarinen, Eero – 1910–1961, finnisch-amerikanischer Architekt und Möbelentwerfer

Sambin, Hugues – französischer Möbelschreiner der Renaissance aus Dijon

Sammlungsschrank – Kabinettschrank, reichverziertes Aufbewahrungs- und Präsentationsmöbel, seit dem 17. Jahrhundert auch mit Glastüren (Vitrine)

Satinholz – gelbes oder braunes Edelholz aus Südindien und Ceylon

Saunders, Gualbert – englischer Möbelkünstler der zweiten Hälfte des 19. Jahrhunderts, Schüler von W. Burges

scagliola – italienische Technik der Marmorimitation mit besonderen Farb- und Mustereffekten, aus Leimwasser, Gips und Marmorbruch hergestellt, geschliffen und poliert

Schäffer, Dietrich – thüringischer Kunstschreiner des 18. Jahrhunderts, tätig in Dänemark

Schenkschieve – großer Schrank mit Fallklappe, norddeutsche Sonderform der Kredenz der Renaissance

Schinkel, Karl Friedrich – 1781–1841, berühmtester Architekt, Maler und Möbelentwerfer des deutschen Klassizismus, bereitete durch virtuose Handhabung anderer Stilformen, besonders der Gotik, auch der Neugotik, dem Historismus den Weg

Schneck, Adolf G. – deutscher Möbelentwerfer der Mitte des 20. Jahrhunderts

Schnell, Martin – 1675–1740, sächsischer Hoflackierer

Schönborn – rheinisches Adelsgeschlecht, seit 1701 Reichsgrafen, baulustige Bischöfe (Bamberg, Bruchsal, Pommersfelden, Würzburg): Friedrich Karl, Bischof v. Würzburg und Bamberg; Johann Philipp Franz, Kurfürst und Erzbischof von Mainz, Bischof von Würzburg und Worms; Lothar Franz, Kurfürst und Erzbischof von Mainz, Bischof von Bamberg

Schragentisch – Tisch mit schrägen, untereinander verbundenen Beinen

Schreibbrett – siehe Kniebrett

Schreibkommode – Kommode mit auszieh- oder ausklappbarem Schreibfach

Schreiblade – siehe Brieflade, Kassette

Schreibpult – siehe Pult

Schreibschatulle – (chatol), dänischer Ausdruck für Schreibschrank

Schreibschrank – Schrank mit Kommodenteil, Pultteil und weniger tiefem Aufsatz; Schreib- und Kabinettmöbel des 18. Jahrhunderts

Schreibsekretär – Sekretär mit senkrechter Schreibklappe

Schreibstuben – Kanzleien, Verwaltungsbüros in Rathäusern der Gotik und Renaissance

Schreibtisch – spezielles Schreibmöbel in Tischform mit Schubladen in der Tischzarge, abgeleitet vom bureau Mazarin und vom bureau plat des französischen Barock

Schuhmacher, Martin – 1695–1781, Ansbacher Kunstschreiner, Schüler von Matusch, baut Möbel nach englischem Vorbild

Schwarz, Matthäus – seit 1516 Buchhalter Jakob Fuggers des Reichen

scrigno – (Schrein), italienische Sonderform des studiolo

scriptionale – einfüßiges, notenpultähnliches Schreib- und Lesemöbel, verwendet seit karolingischer Zeit bis in die Hochgotik, Begriff Viollet-le-Ducs auch für das Kniebrett

scriptor – ältere englische Bezeichnung für das fall front writing cabinet, die Vorform des Sekretärs nach dem Vorbild des spanisch-niederländischen vargueño

scrittoio – Büro, Schreibstube, Schreibmöbel, oft neben dem Begriff studiolo gebraucht

scrutoire – das englische fall front writing cabinet, neben scriptor älterer Ausdruck für den englischen Sekretär des 17. Jahrhunderts

seaweed marquetry – Seetang-Marketerie, feingliedriges Blattrankenmuster auf englischen Möbeln des späten 17. Jahrhunderts

secrétaire – Sekretär, in Frankreich unter Louis XV. aufkommendes Schrankmöbel mit Schreibklappe, mögliche Vorbilder sind vargueño und writing cabinet

secretaire, secretary – englische Schreibkommode mit Schreibschublade ohne schräge Pultklappe

secrétaire à abattant – geläufigste französische Sekretärform mit zweitürigem Unterteil und großer, im geschlossenen Zustand senkrecht stehender Schreibklappe

secrétaire en amoire – Schranksekretär

secretaire-bookcase – englischer Sekretär mit Schreiblade und Vitrinenaufsatz für Bücher

secretaire-cabinet – englischer Sekretär mit Schreiblade und geschlossenem Schrankaufsatz

secrétaire à cylindre – französischer Zylindersekretär mit starrem Verschluß

secrétaire de (en) pente oder *à dos d'âne* – (Eselsrücken) französischer Pultschreibtisch mit schräger Schreibklappe

secrétaire violonné – französischer Sekretär in Violinenform

Seddon, George – 1727–1801, Londoner cabinet-maker und Unternehmer

Seinsheim, Adam Friedrich von – Bischof von Würzburg und Bamberg

Sekretär – deutsche Bezeichnung des secrétaire à abattant

serpentine front – die geschweifte englische Möbelfläche

serracarte – die italienische Bezeichnung des Sekretärs vom Typ des secrétaire à abattant

serre papier – (Aktenschrank) der *cartonnier*

shelf – Buchablage, Regalelement in der Einrichtung des englischen Schreibmöbels

Sheraton, Thomas – 1751–1806, englischer Möbelentwerfer, «the Cabinet maker and Upholsterer's Drawing Book», 1791; das Werk reflektiert starken französischen Einfluß

skriptorium – Arbeitszimmer der klösterlichen Schreiber und Buchmaler

Spindler, Johann Friedrich und Heinrich Wilhelm – Hofschreiner in Bayreuth, seit 1762 Hofschreiner Friedrichs des Großen

Société des Artistes Décorateurs – französische Vereinigung von Kunstgewerblern, gegründet 1901

sofa-table – Sofatisch, englischer Tisch auf zwei Fußstützen, mit seitlichen Klappflächen, nach Entwurf von Sheraton

Sophia (Stuart) – Kurfürstin von Hannover (Herrenhausen), Enkelin James I. von England

St. Antoine, Faubourg – (Vorstadt), ehemals zunftfreier Bezirk in Paris

Stedefeld, Bernhard – Marburger Kunsttischler des 19. Jahrhunderts

Stehpult – hohes Schreibmöbel mit schräger Schreibfläche, mit hohen Stühlen auch oft im Sitzen benutzt

Stempel, Stempelung – Bezeichnung des Möbels durch Schlag- oder Brandstempel (estampille), Zunftvorschrift im Frankreich des 18. Jahrhunderts

stipo-armadio – (Schrein-Schrank), Sonderform des italienischen studiolo

Stuart and Revett – englische Architekten des 18. Jahrhunderts, Herausgeber der »Antiquities of Athens«, 1762, die den englischen Klassizismus entscheidend beeinflußten

Stüler, Friedrich August – 1800–1865, königlich preußischer Architekt der Schinkelschule, Möbelentwerfer auch im gotischen Stil

Stollen – senkrechtes massives Pfostenelement im Möbelbau der Gotik und der Renaissance

studiolo – italienisches Kabinettmöbel mit unterem Schrankteil und Aufbau mit (Schreib-)Klappe auf waagerechter Achse, Vorform des Sekretärs; auch die Studier-, Sammlungs- und Schatzkammer fürstlicher Paläste bezeichnend

studium – das Studierzimmer der päpstlichen Paläste im 14. und 15. Jahrhundert

Süe, Louis und Mare, André – Pariser Möbelentwerfer und Innenarchitekten des Art déco

Tabernakel-Schreibschrank – so genannt wegen der betonten, großen Mitteltür des Schrankaufsatzes, die der Tür eines Tabernakels ähnelt

table desk – der Schreibkasten, pultförmiges Aufsatzmöbel mit Fach- und Schubladeneinrichtung, führt im Barock zum Pultschreibtisch und zum bureau mit schräger Schreibklappe

table à transformation – Patentmöbel mit mechanischer Einrichtung, die verschiedene Nutzungsmöglichkeiten erlaubt

tall boy – hoher englischer Schubladenschrank, mit »writing drawer« (Schreiblade) »tallboy-secretaire«

tambour desk – die englische Form des Rollbureau

taquillón – Kommodenuntersatz des vargueño

Theke – Ladentisch, entwickelt aus dem gotischen Kasten- oder Zahltisch

Thonet, Michael – 1796–1871, Erfinder des 1842 patentierten Bugholzverfahrens, seit 1853 industrielle Herstellung von Bugholzmöbeln

Thouret, Nikolaus Friedrich – 1767–1845, deutscher Architekt und Möbelentwerfer, 1801 Hofarchitekt in Stuttgart, Schöpfer der Einrichtungen der Schlösser Stuttgart, Ludwigsburg, Monrepos im Stil des französischen Empire

Thuyaholz – Zeder, gefleckt gemasertes Edelholz aus Nordamerika

Tintenhorn – französisch: écritoire, mittelalterliche Form des Tintenfasses

Tischpult, Tischaufsatzpult – Schreibkasten mit schräger Schreibklappe, wird später in den Pulttisch, das bureau und den Schreibschrank integriert

Tischtrog – von oben zugänglicher Teil des Tischkastens

Transition – Übergang vom Rokoko des Louis XV. zum Klassizismus des Louis XVI., seit etwa 1760

Tresen – Ladentisch, entwickelt aus dem mittelalterlichen Zahl- und Kastentisch

Tresor – vom griechisch-lateinischen thesaurus: Schatzkammer, im Möbelbau besonders gesicherte Geheimfächer im 18. Jahrhundert, auch für Schreibschränke überhaupt gebraucht, mit den zeitgenössischen Nebenformen Tresour, Trisur; der Ausdruck weist auch auf die Kabinett- und Sammlungsschrankfunktion der in Frage stehenden Möbel hin

Trompe-l'oeil – Augentäuschung, Darstellung mit illusionistischem Effekt

tronchin, à la tronchin – Arbeitstisch mit über Hebel mehrfach in Höhe und Winkel verstellbarer Platte, wohl benannt nach dem französischen Arzt Théodore Tronchin

Trophäe – aus antiken Siegesmalen abgeleitetes Renaissancemotiv mit Waffen,

Schild und Brustpanzer

Turfbureau – holländisches Scheinmöbel; Behältnis für Brennmaterial in Form von bureau oder Zylinderbureau, gebraucht im 18. Jahrhundert

Utility program – 1941–1951, durch Materialknappheit bedingtes englisches Möbelprogramm äußerster Sparsamkeit und Zweckmäßigkeit

Vallin, Eugène – 1856–1922, französischer Innenarchitekt und Möbelentwerfer des lothringischen Jugendstils in Nancy, beeinflußt von Gallé und Majorelle

Van de Velde, Henry – 1863–1957, belgischer Architekt, Innenarchitekt und Möbelentwerfer, seit 1902 in Weimar, unter Einfluß von William Morris Begründer eines reformatorischen Jugendstils

vargueño – auch bargueño, seit dem 19. Jahrhundert Bezeichnung für die spanische Kabinettruhe des 15. bis 17. Jahrhunderts, auf Gestell mit Kufen und Bogenstellung (pie de puente) oder Kommodenkasten (taquillón) stehend, ist sie ein außen wehrhaft, innen prächtig dekoriertes Tresormöbel, mit großer Klappe von vorn; bisweilen auch zusätzlich von oben zu öffnen

vernis Martin – Lack der Gebrüder Martin; entwickelt um 1735 in Nachahmung ostasiatischer Lacke, hergestellt in der Manufacture royale der vier Brüder

Vile, William – 1700–1767, englischer cabinet-maker unter Georg III., Hofschreiner 1761–1765

Viollet-le-Duc, Eugène Emanuel – 1814–1879, französischer Architekt, Ingenieur und Denkmalpfleger, besonders bemüht um die Dokumentation der mittelalterlichen Kunst

Voigt, Adolph Friedrich – Berliner Tischlermeister und Unternehmer, arbeitet vielfach nach Vorlagen Sheratons

Voysey, Charles Francis – 1857–1941, englischer Architekt und Möbelentwerfer, Schüler Mackmurdos

Wahl, Georg – Hofschreiner in Osthofen bei Worms im 18. Jahrhundert

Walderdorff, Johann Philipp – 1756–1768, Kurfürst von Trier

Wangentisch – Tischblatt auf zwei ausladenden, meist ornamentierten, schräggestellten und untereinander verstrebten Brettplatten; Tischform der Gotik und Renaissance, die sich in Süddeutschland noch bis ins 18. Jahrhundert gehalten hat

Webb, Philipp – 1831–1915, englischer Architekt, Dekorateur und Kunstgewerbler, als Möbelentwerfer Freund und wichtiger Mitarbeiter von William Morris

Weisweiler, Adam – Meister 1778, Pariser Ebenist unter Louis XVI., bevorzugt prunkvolle Möbel mit Dekoration von Lack, Bronze und Porzellan; einer der Hauptlieferanten für den Hofkaufmann Dominique Daguerre

Weinspach, Wolfgang Elias – 1712–1776, Bruchsaler Hofschreiner

Wichmann, Friedrich – Bildhauer und Inhaber einer Möbelmanufaktur in Kassel, Möbellieferant für Jérôme Bonaparte auf Schloß Wilhelmshöhe

Wiener Werkstätte – im Anschluß an englische Werkstättengemeinschaften 1903 gegründetes Unternehmen, bedeutende Mitglieder waren Josef Hoffmann und Koloman Moser

Wilhelm III. von Oranien – 1689–1702, König von England, zugleich Erbstatthalter der Niederlande, unter seiner Herrschaft der von Holland (Marot und anderen) beeinflußte Stil William and Mary

Wilhelmine von Preußen – Markgräfin von Bayreuth, Schwester Friedrichs des Großen

William and Mary – Kunststil unter Wilhelm III. von Oranien, in England

Wittelsbacher – deutsches Herrschergeschlecht, Kurfürsten von Bayern und der Pfalz, Erzbischöfe von Köln, die bayerischen Könige des 19. und 20. Jahrhunderts

writing drawer – die englische Schreiblade mit klappbarer Vorderfront, verwandelt auch Bücherschränke (bookcase) oder Schubladenschränke (chest, double chest of drawers, tallboy) in Schreibmöbel

writing table, writing desk – die englische Version des bureau plat am Ende des 18. Jahrhunderts

writing windsor – Windsorstuhl mit Schreiblehne, 18. Jahrhundert

Würfelmarketerie – Marketerie aus verschiedenfarbigen Furnierquadraten oder Rauten, die zu perspektivisch-illusionistischen (Würfel-)Mustern zusammengesetzt werden

Zahl-, Zähltische – Arbeitstisch der Kaufleute der Gotik und der Renaissance; entweder Kastentisch, oder Tisch, in dessen Platte verschiedene Rechenfelder eingeschnitten waren

Zarge – (Rand), kasten- oder rahmenförmige Versteifung unter dem Tischblatt, genutzt für Schubladen oder als Tischtruhe (Tischtrog)

Zen, Carlo – italienischer Kunstschreiner des Jugendstils, aktiv 1898–1902

Zick, Januarius – 1730–1797, Hofmaler in Koblenz

Zimmermann, Dominikus – 1685–1766, deutscher Baumeister und Maler, einer der Hauptvertreter des süddeutschen Rokoko (Wieskirche)

Zunft, Zunftgesetze – seit dem Mittelalter strenge Gewerberegelung zur Verhinderung von Überangebot, unlauterem Wettbewerb und Arbeitslosigkeit, dazu Sicherung von Qualitäts- und Formstandards, die häufig, besonders im 18. Jahrhundert, die erforderliche Innovation hemmten

Zwiener – französischer Kunstschreiner des Historismus

Zylinderbureau – Schubladenmöbel mit (meist herausziehbarer) Schreibfläche, das durch eine starre, auf waagerechter Achse laufende Zylindertrommel verschlossen wird

Bildnachweis

Aachen, Couven-Museum 83
Amsterdam, Rijksmuseum 34, 89
Bad Homburg, Verwaltung der Staatlichen Schlösser und Gärten Hessens 91, 116
Basel, Historisches Museum 11
Berlin, Staatliche Museen, Gemäldegalerie 14
Berlin, Staatliche Museen, Kunstbibliothek 60
Berlin, Staatliche Museen, Kunstgewerbemuseum, Schloß Köpenick 33, 72, 120
Berlin, Staatsbibliothek 4
Berlin, Verwaltung der Staatlichen Schlösser und Gärten 32
Braunschweig, Herzog-Anton-Ulrich-Museum 16, 77
Bremen, Focke-Museum 115
Budapest, Iparmüveszeti Mùzeum 28
Cambridge, James Austin 3
Coburg, Kunstsammlungen der Veste 67
Compiègne, Musée National du Palais 112
Dortmund, Museum für Kunst- und Kulturgeschichte 127, 154
Dresden, Deutsche Fotothek 117, 119, 122, 123
Dresden, Staatliche Kunstsammlungen Museum für Kunsthandwerk 18, 29, 64, 69, 70
Düsseldorf, Kunstmuseum 128
Düsseldorf, Stadtmuseum, Schloß Benrath 42
Ferrara, Musei Civici 22
Flensburg, Städtisches Museum 118
Florenz, Palazzo Pitti 113
Frankfurt, Museum für Kunsthandwerk 65
Hamm, Städtisches Gustav-Lübcke-Museum 25
Hannover, Kestner-Museum 94
Heino, Kasteel Het Nijenhuis 130
Karlsruhe, Badisches Landesmuseum 53, 62
Köln, Rheinisches Bildarchiv 2, 5, 7, 12, 15, 23, 26, 63, 85, 124, 129, 137, 151, 161, 163, 164
Kopenhagen, Rosenborg Slot 71
Lissabon, Museum Calouste Gulbenkian 44, 45, 46, 47
London, Victoria & Albert Museum 8, 13, 17, 21, 24, 36, 37, 95, 101, 104, 136
Ludwigsburg, Schloß 92
Mailand, Civice Raccolte di Arte Applicata 38, 39
Mannheim, Reissmuseum 30, 54, 59, 61
Marburg, Bildarchiv 84, 86, 125, 126, 144, 145, 153

München, Bayerisches Nationalmuseum 51, 121, 134
München, Bayerische Verwaltung der Staatlichen Schlösser, Seen und Gärten 31, 56, 58, 141
München, Stadtmuseum 139
Nancy, Musée de l'Ecole de Nancy 150
New York, Cooper-Hewitt-Museum 156
New York, Hispanic Society of America 40, 41
Nürnberg, Germanisches Nationalmuseum 50, 142
Oslo, Kunstindustrimuseet 146, 165
Paris, Musée des Arts décoratifs 27, 43, 166
Potsdam, Staatliche Schlösser und Gärten 73, 74, 75
Sigmaringen, Fürstlich Hohenzollernsches Museum 138
Stockholm, Nordiska Museet 159
Trondheim, Nordenfjeldske Kunstindustrimuseum 152
Turin, Museo Civico 106, 107
Venedig, Museo Correr 109
Venedig, Palazzo Rezzonico 108
Versailles, Musée National du Château 111
Wien, Historisches Museum der Stadt 133
Wien, Kunsthistorisches Museum 1, 20
Wien, Österreichisches Museum für angewandte Kunst 131, 132, 155, 157, 158
Winterthur, Sammlung Oskar Reinhart 6
Wolfenbüttel, Schloß 76
Würzburg, Mainfränkisches Museum 52, 55, 143
Zürich, Schweizerisches Landesmuseum 9, 10, 68